ようこそポルトガル食堂へ

馬田草織

幻冬舎文庫

ようこそポルトガル食堂へ

目次

✳ コインブラとその周辺　30

＊ ポルトとドウロ地方　68

＊

リスボンとその周辺

赤茶色の屋根瓦、石畳の道、剝げかかったアズレージョ（彩色タイル）の建物、木組みの車両がいまだに現役で走る市電。海のように広いテージョ川に面するポルトガルの首都リスボンは、街のそこここにある垢抜《あかぬ》けない景色が、サウダーデ、つまり郷愁や旧懐の念を呼ぶ。はじめて訪れた人も、確実に感じることのできる懐かしさのような何かがある。15世紀から17世紀に及んだ大航海時代を遥か歴史の彼方に刻み、まるでリスボンそのものがかつての繁栄を懐かしんでいるかのような、そんな印象を受けるのだ。

深夜、リスボンへ

ポルトガルの首都、リスボンの国際空港に着くのはいつも夜10時過ぎ。着陸する直前に機体はグッと大きく旋回して、テージョ川側からリスボンの街の中心地へと機首を定め、市内上空を滑るようにして空港へ降りていく。眼下に広がるオレンジ、白、青、そのほかのきらめきは、7つの丘を持つとも言われるリスボン特有の起伏の激しい街並みのせいで、立体感のある夜景となっている。それらは機体の下降と共に徐々にゆっくりと、繁華街、住宅地、城、高速道路、それぞれに現実の街の風景となり迫ってくる。都市の姿が現れる瞬間だ。

成田からヨーロッパの都市を経由して既に十数時間が経《た》ち、私は座席ですっかりくたびれている。だから、着陸直前に窓から眺めるこのリスボンの夜景こそがいつも救いであり、旅のスイッチを入れ直す瞬間だ。持ち物を片付けて飛行機を降りる準備をしていると、気持ちが徐々に盛り上がっていく。

「さあ、今回は何を食べよう」

セトゥーバル——Setúbal

ケージョ・フレシュコならセトゥーバルの市場へ

ポルトガルに行ったら、必ず食べたいものがある。「ケージョ・フレシュコ」。ポルトガル独特のチーズだ。新鮮さが命だから、現地でしか食べられない。

「ケージョ・フレシュコなら、リスボン市内よりセトゥーバルの市場で売ってる方が断然お薦め」

リスボンで『カステラ・ド・パウロ』(2014年より日本に移転のため閉店)というお菓子屋を長く営み、ポルトガルの食にもめっぽう詳しい智子・ドゥアルテさんにそう教わって、朝から港町セトゥーバルの市場へ出掛けた。

セトゥーバルはリスボンから車やバスで1時間ぐらい。テージョ川にかかる4月25日橋かヴァスコ・ダ・ガマ橋のどちらかを渡り、南下した先に位置する。テージョ川の川幅は広く、4月25日橋は全長約2キロ、ヴァスコ・ダ・ガマ橋はなんと約17キロにもなる。はじめて目にしたときは、海かと思ったほどだ。橋を渡りながら振り向くと、小さくなっていくリスボンの街並みが広がる。私はこの眺めが好きだ。赤茶のレンガ屋根が高低さまざまに連なるモザイクのような風景を、橋から見渡すことができる。

港町セトゥーバルのレブラメント市場は、バス停から港の方へ15分ほど歩くと辿《など》り着く。活気溢《あふ》れる場内には、色とりどりの野菜や果物、パン、菓子、オリーブ、ハーブやスパイス、豆、牛、豚、鶏、仔羊、ウサギなどの肉類、そして今朝、港に揚がったばかりの新鮮な魚介類が並んでいる。だが、目標はケージョ・フレシュコ。寄り道せずに一刻も早く食べたい。

ケージョはチーズ、フレシュコはフレッシュの意。ケージョ・フレシュコとは、豆腐のように真っ白でフルフルと柔らかい、出来たてチーズのことだ。搾りたての羊や牛のミルクに朝鮮アザミのおしべからつくった凝固剤を加えて固め、それを型に入れて圧をかけ、さらに小さなカップに移して冷やし固める。その工程も豆腐づくりにそっくりだ。

「これ、ひとつください。ここで食べます」

お店のお兄さんからそーっと受け取ったカップ入りのチーズを、持参したスプーンでその場で早速ひとすくい。フルッとした食感に続き、ほんのり羊のミルクの香りとかすかな甘さ、脂肪分から生まれる優しいコクが口いっぱいに広がる。これこれ、これが味わえるなら、片道1時間ぐらいちっとも惜しくない。

イワシの塩焼きとヴィーニョ・ヴェルデ

レブラメント市場の近くには、レストランがずらりと並ぶ通りがある。どの店も炭火焼きの特大コンロを店先に出し、セトゥーバルの港に揚がったとれたての魚介類を焼いてくれるのだ。初夏から初秋にかけては、とくに「サルディーニャ・アサーダ」（イワシの塩焼き）が欠かせない。リスボンでは、初夏の祭りの日にイワシの屋台があちこちに出て、町中が煙でモクモクになるほどだ。

どの店で食べようかとプラプラ歩いていたら、コンロの前に立っている日焼け顔のおじさんと目が合った。

「うちの魚はおいしいよ、ランチにどう？」

人なつっこい笑顔に思わずうなずき、このおじさんの焼いた魚を食べることにした。


まずはイワシの塩焼き。イワシ自体は日本のものより小さめだ。1人前で5、6尾出てくる。大粒の塩をたっぷりまぶし、炭火でこんがりと焼く。そこまでは日本と一緒。ただし食べ方が違う。皮は食べない。ナイフとフォークでさっとはずす。見よう見まねで皮をはずすと、焼きたての身からほかほかと湯気が立つ。慣れない手つきで身をフォークにのせてハフッといくと、これは世界共通の魚のおいしさ、脂ものって3尾は立て続けにペロリ。へえと思うのは、添えられるのはご飯ではなく、茹《ゆ》でたジャガイモやパンが多いことだ。

「パンをイワシの下に敷いて、イワシの脂が浸みたパンと一緒に食べると旨《うま》いよ。祭りのときは、パンを皿代わりにしてイワシをのっけたり、挟んでイワシサンドにしたりするんだよ」

イワシサンド！　でもそうか、ツナサンドを考えればありなのかも。イワシと一緒に飲むのはワインだ。ポルトガルでは赤を合わせるのが一般的なようだが、暑い季節にはシュワシュワと爽やかな「ヴィーニョ・ヴェルデ」がいい。ヴィーニョはワイン、ヴェルデは緑の意味で、若いという意味でもある。

このワインは、一般にシャープな酸味がウリの早飲みタイプのワインで、薄い黄緑がかった色と自然に生まれる微発泡、アルコール度数の低さが特徴。通常は9～11％程度のものが多い。ポルトガル北部のミーニョ地方が産地だ。いろんな種類があるが、気軽なランチに合わせるなら、手頃な値段の『カザル・ガルシア』などで十分。こういうときのワインは水と一緒で、がぶがぶ飲めればいいと思う。

イワシを堪能したらほかの定番も食べてみたい。実はポルトガルには魚介類の揚げ物も多いのだ。

「パタニシュカシュ・デ・バカリャウ」（干し鱈《だら》のかき揚げ）は全国的な定番メニュー。ポルトガルの国民食とも言われている干し鱈を数日水に浸けて塩抜きし、身をほぐしたらタマネギやイタリアンパセリと一緒にタネに混ぜ込み、揚げる。ボテッと厚みがあり、バカリャウ（干し鱈）の旨みと塩気、イタリアンパセリの香りが味の主役だ。

ポルトガルの揚げ物は日本の天ぷらの元祖と考えられている。南蛮渡来の〝天ぷら〟の語源は、ポルトガル語のtemperar（テンペラル＝味つけをする）やtempero（テンペロ＝調味料）等の単語が元だという説や、肉を避け、魚や野菜を食べるカトリックの精進日Quatro têmporas（クアトロ・テンポラシュ＝四旬節）に魚の揚げ物が食べられていたことが元だとする説など、諸説ある。かつて南蛮文化のメッカであった長崎には「長崎天ぷら」という料理があるが、これは、衣にしっかり味がついていて、ポルトガルでよく見る白身魚などの揚げ物とよく似ている。ポルトガルの天ぷらもやはり塩、こしょうの味が濃く、軽食屋ではパンに挟んで食べられたりもしている。

さて、そのほかに食べたのは「カラパウ・フリット」（小アジのフライ）。小アジに軽く粉をふって油で揚げただけのシンプルな味。「ショコ・フリット」（モンゴウイカのフライ）は肉厚のモンゴウイカをひと口大に切り、オリーブオイルでさっと揚げたもので、むっちり柔らかい食感。これらにシュワッと爽やかなヴィーニョ・ヴェルデを合わせると、暑い季節にぴったりのメニューになる。だらだらとワインを飲みたい昼下がりには、もってこいの組み合わせだ。

アゼイタオン――Azeitão

ミニロールケーキをお土産に

日本へのお土産《みやげ》に喜ばれるポルトガルのお菓子ってなんだろう。なにしろポルトガルの菓子は総じて甘さが強烈だから困ってしまう。ポルトガル在住でお土産に詳しい版画家の樋口真美さんに相談すると、「トルタ・デ・アゼイタオン」という菓子が日本の家族や友人に好評だったそうだ。その名のとおり、アゼイタオンという町でつくられているらしい。より詳しい情報が欲しくて、食の情報通であるワイン商の友人、カルロス・モレイラに聞くと、お薦めの店を教えてくれた。

アゼイタオンはリスボンからバスで1時間ぐらい。港町セトゥーバルからもバスで30分程度。カルロスのお薦めの店はヴィラ・ノゲイラ・デ・アゼイタオンというバス停から歩いていけるという。

辺りはブドウ畑が広がり、町の印象は落ち着いていてどことなく上品。チーズの産地としても名が知れていて、近くには有名ワインメーカーのセラーがある。観光客を意識してか、通りにはカフェが多い。どこでも「Há Torta de Azeitão」(トルタ・デ・アゼイタオンあります)の看板を出している。通り沿いのベンチに座っているおじさん3人組に、場所を聞いてみた。

「『フォルノ』ってお菓子屋さん、どこかご存じですか?」

見知らぬ東洋人が突然話しかけてきたものだから、おじさん達はビックリ仰天。3人一斉に顔を見合わせてワイワイとはじまり、やがてすぐにこちらを向いて「まっすぐ行ったら左手にあるよ」と教えてくれた。

店は歩いて10分もしないところにあった。ショーケースには、たくさんの種類のお菓子やパンが並んでいる。選んでお金を払おうとすると、レジに立つ女性が「自家製なのよ」と教えてくれた。併設されているカフェの窓際に座り、早速食べてみる。

トルタ・デ・アゼイタオンは小さなロールケーキ。外側は卵の羊羹《ようかん》のようなプルンとしたシート状の生地で、中にはスポンジケーキと甘さ控えめの生クリーム、卵の香りと甘みの強いカスタードクリームがくるまれ、シナモンパウダーがきいている。いろんな香りや甘さがひと口で味わえて、とても楽しいお菓子だ。見た目よりクリームたっぷりで食べ応えもある。容姿も、焼きっぱなしの素朴なお菓子が多い中では、ちょっとおすまし感のある方だろう。もうひとつ、店のオリジナル菓子だという「アモーレス・デ・アゼイタオン」(アゼイタオンの愛!)も食べてみる。こちらはメレンゲ主体のさっくりした食感で、ポルトガルらしくしっかり甘い。2つは食べきれなかったので残りは持ち帰ることにした。

店を出てバス停に戻ると、さっきのベンチでは、店の場所を教えてくれたおじさん達が相変わらずのんびりお話し中だ。

「お菓子はどうだったかい?」

「おいしかったです、どうもありがとう」

「そりゃよかった、あんた日本人かい? そうか、またおいでよ」

おじさん達が、ウインクしてくれた。

リスボン――Lisboa

国民的おやつ

1日1万個以上売れるというおやつが、リスボンにある。

「ポルトガル中でお菓子の人気投票をやったら、あれがダントツ1位だろうな」とワイン商のカルロスもうなずきながら認めていた、まさにポルトガルの国民的おやつ。

そのお菓子とは、1837年創業の老舗《しにせ》菓子屋『パシュテイシュ・デ・ベレン』の「パステル・デ・ナタ」だ。手のひらサイズの卵クリーム入りのタルト。

タルトといっても、いわゆる粉っぽい生地ではない。この皮は、そう、揚げたゆばのあのバリバリの食感に似ている。乾いた音がするほど歯触りが良く、とても香ばしい。

「400度の高温で、短時間で焼き上げるからさ」

と、店のおじさんが教えてくれた。

タルト生地の中にたっぷり詰まった新鮮な卵クリームは、ポルトガルでは珍しく甘さもかなり控えめ。牛乳たっぷりのなめらかな口当たりは、バリバリのタルト皮とは正反対。とろとろだ。かぶりつくとクリームがこぼれそうになる。こんがりと香ばしく焼けた表面に、店のテーブルに置いてある缶入りの粉砂糖やシナモンパウダーを好きなだけたっぷりと振りかけ、ガブッと勢いよくいくのがお約束の食べ方だ。

「昔は隣のジェロニモス修道院でつくられていたんだけど、1834年に修道会が廃止されてからは、修道院の秘密のレシピが限られた菓子職人にだけ受け継がれているんだ。今レシピを知るのは3人だけさ」

そう話すおじさんは、ちょっと誇らしげだ。

リスボンの中心街から市電に乗り、数キロ先に堂々とそびえ立つジェロニモス修道院を目指せば、その少し手前に人だかりのしている店があるから一目でわかる。

入り口すぐのカウンターでは、粉砂糖で口元に白い髭《ひげ》をつくりながら、立ってムシャムシャとナタを食べているおじさんやおじいさんがいて微笑《ほほえ》ましい。奥の、まるで講堂のように広いスペースでは、世界各国から訪れた観光客と地元の人が、ごちゃ混ぜでワイワイと楽しんでいる。

ナタはリスボンに限らず、ポルトガル全国各地で味わえる定番のお菓子で、日本でいえば饅頭《まんじゅう》や大福のような存在。出来も店によってさまざまだ。

実ははじめてリスボンを訪れた十数年前の大学生の頃にもここでナタを食べ、おいしさに感激した。早速家族や友人への土産に持ち帰ったのだが、時間とともにナタは湿気でへなへなになり、日本に着く頃には別の何かに変わってしまっていた。ひどくがっかりして、結局ひとりで全部食べてしまった。ナタは土産には向かないのだ。ここで食べてこそのナタ。だから、この店で焼きたての香ばしいバリバリにかぶりつくと、はるばるリスボンにやってきたぞという実感が湧いてくるのだ。

住宅街の満員食堂

昼時、リスボンの友人に以前連れてきてもらったレストランをひとりで探しているうちに、すっかり道に迷ってしまった。地下鉄のカルニーデ駅が最寄りと聞いて行ったが、そこは大きなマンションがいくつも立ち並ぶ住宅街。おまけに周囲には誰もいない。1時間近く歩き廻《まわ》ったがカフェすら見当たらず、空腹も限界に近づいたとき、ふと通りの向こう側にある小さな扉が気になった。人の出入りがやたらと激しい。近づくと、扉にはメニューが1枚貼ってある。どうやら食堂のようだ。そっと中を覗《のぞ》くと、店内はせわしなく動く店員とギュウギュウ詰めで座る客で賑わっている。探していた店ではなかったが、おいしそうな予感がして扉を開けた。

店内の視線が一斉にこっちを向く。店の主人らしき人にひとりだと伝えると、ちょっと待てとジェスチャーしながらひとり用の席をつくってくれた。客はスーツの男女、電気屋のユニフォームを着た修理工、近所のおじいさんやおばあさんとさまざま。みんなめいっぱい喋《しゃべ》り、昼から安いワインを空けている。

席に着くと、向かいには恰幅《かっぷく》の良いおじいさんが赤ワインの小さなカラフェを空けていた。同じものを頼み、渡されたメニューを見る。

本日のスープは「ソッパ・デ・フェイジャオン」（豆のスープ）。ちょうど向かいのおじいさんがおいしそうに飲んでいたので、これは決定。メインは、店の主人がお薦めと指差す「イシュカシュ・デ・ポルコ・コン・バタータシュ」（豚レバーソテーのポテト添え）にする。

スープがすぐに来た。ドンと置かれたカップから、溢れた中身が受け皿にこぼれる。渋い赤茶色はすっかり溶けた豆の色。ジャガイモやキャベツ、タマネギなどほかの野菜も溶けてドロドロだ。中には茹ですぎたショートパスタがたっぷり入っている。このスープと茹ですぎパスタの脱力感たっぷりな組み合わせがポルトガルらしい。塩味と野菜の甘みだけの、大雑把だけど優しい味。

そしてメインの豚レバーのソテー。手のひら大の薄切り豚レバー3枚をさっと揚げ、ワインビネガー、ローリエなどを加え軽く煮ている。レバーは柔らかく、ビネガーのまろやかな酸味が絡む。このソースに、添えた茹でジャガイモを絡めて食べる。素朴で簡素、毎日食べたくなるような街の食堂のメインディッシュ。

「3番卓にワインカラフェで」

「こっちにパンのお代わり」

店内は絶えず店員の大声が飛び交っていて、常連には心地よい騒々しさだろうが、飛び入り旅行者の私はまだリラックスできない。店員が目まぐるしく動き回る食堂でちょこまか写真を撮ったりしているから、なんとなく肩身が狭いのだ。

すると、隣のビジネスマングループが、

「楽しんでるかい？」

と声をかけてくれた。心細そうな私を気遣ってくれたようで、照れくさいと同時に嬉《うれ》しくなり、少し居心地が良くなった。こんなさりげない気遣いが、ポルトガル人らしいと私は感じる。ラテン気質でありながら、シャイな面も持ち合わせている彼らは、最初は少し遠慮がちに様子を見て、それからぐっとうち解ける感じ。だから日本人の私は、頑張って無理矢理ペースを変えなくても、コミュニケーションが取りやすいのだ。

レバーソテーを食べ終わると、店員がたちまちテーブルを片付けに来た。

「ソブレメーザ（デザートは）？」

と聞かれ、向かいのおじいさんが食べていた自家製プリンを指差しつつ頼む。今度はおじいさんがこちらを向いて、

「いい選択だ」

とニコッと笑いかけてくれた。

プリンはアルミの型に入ったままの状態で出てきた。おじいさんを見習って、フォークの柄を型とプリンの間でぐるりと一周させ、皿を型に被《かぶ》せたら、力を入れて逆さに振る。ポン、とプリンが落ちてきて、底の香ばしいカラメルがほどよく溶け出す。卵のコクと風味がいっぱいの、決してなめらかではない、ちょっと鬆《す》の立った素朴な手づくりプリンだ。最後にビッカ（コーヒー）でひと息ついてお勘定を頼む。パンやワインも合わせて締めて9ユーロ。大満足。目指した店ではなかったが、結果的にはさまよったかいがあった。

帰りは上機嫌でなんとなく歩いていたら、あっという間に駅に辿り着いてしまった。

レストランへ

迷ったら店の様子を覗いてみよう。地元客で賑わっているところが理想的。大抵は外にメニューが出ているので、値段の確認を忘れずに。メニュー（イメンタ）を手にしたらまずは飲み物を。ビール（セルビージャ）、生ビール（インペリアウ）、ワイン（ヴィーニョ）は赤がティント、白がブランコ。若い微発泡がヴィーニョ・ヴェルデ。スパークリングはエシュプマンテ。水はアグア。ガスなし（セン・ガシュ）かガス入り（コン・ガシュ）か冷温（フレシュカ）か常温（ナトゥラル）かを伝えます。

料理は田舎に行けば行くほど一皿の盛りが大量になる傾向あり。周囲を見て、多そうならオーダー時に「メイアドーズ・ポルファボール（半人前でお願いします）」と頼んでみて。オーダーが終わると、パンやオリーブ、チーズ、パテなどのセット（コウヴェール）がテーブルに並べられます。店によっては生ハムや腸詰め、揚げもの等が並ぶことも。これらがおいしい店は当たりの可能性大。食べたくないときは、「ナォン・オブリガーダ（結構です）」と下げてもらえばお金を払う必要なし。

食後はぜひポートワインを試してみて。日本ではあまりお目にかかれないエイジドタウニーやLBV、ヴィンテージといった上質のポートがグラスで飲めれば、これは絶好の機会。逃すなかれ。

カフェで

ポルトガルのコーヒー（カフェ）は濃いエスプレッソが基本です。苦手な人は、エスプレッソに熱々のミルクをたっぷり注いだガラオンがお薦め。なぜかグラスになみなみ入って出てきます。飲みにくい！ でもおいしい。

カフェ以外にも、コンフェイタリアは菓子が充実。パステラリアは軽食がいろいろ。コロッケやフリットなどの揚げものやビファーナ（グリルした豚肉のサンド等）、さっと食べられるものが多いので、簡単に済ませたいときに便利です。

役立つ携行品

ジップつきのプラスティックバッグは買って食べきれなかったお菓子などをさっとしまえて便利。市場やスーパーで買ったワインやチーズを宿に持ち帰り、部屋でミニ宴会をする人は、ワインオープナーや栓抜き、プラスティックのナイフやフォークなどを忘れずに。また、春から秋は日差しが強いので、日焼け止めクリームやサングラスが重宝。乾燥も激しいのでリップクリーム等もぜひ。

極私的　旅のヒント

ポルトガルの食旅を楽しむための、極私的な旅のヒントです。個人的な体験をもとに、旅の中で感じたことや気付いたことを独断と偏見でまとめてみました。ご参考までにどうぞ。

ポルトガル国内の移動

食べる旅は地方こそ楽しい。まず頼りになったのがバス。時間も割合正確で値段も手ごろ。Rede expressos ほか数社が全国各地にさまざまなルートを持つので、ホームページをチェック。時刻表はプリントアウトしておくと便利です。ちなみにバスの指定席（ルガール）はあってないようなもの。座った順で決まることがほとんどでした。

国鉄（CP）もホームページで時刻やルートが検索できます。CP はインターネットでチケット予約も可能。予約完了ページをプリントアウトしたものがチケット代わりに。

また、CP の主要駅や大都市のレストランなどでは結構英語が通じます。一方年配の方は、第 2 外国語でフランス語を学んでいることが多く、地方ではフランス語の方が通じることも。

レンタカーで廻るなら、1/400000 程度の地図を準備（空港や書店、土産物屋などで購入）。ドウロ地方などの山道は、起伏があるので平地より時間がかかることを忘れずに。また、ポルトガルではハンドルを握るとラテン化する人が多く、運転は概ね荒め。すぐクラクションを鳴らすせっかちなドライバーも多いので、焦らないこと。安全第一です。

◎Rede expressos（バス）
http://www.rede-expressos.pt/
（ポルトガル語）

◎CP（国鉄）
http://www.cp.pt/
（ポルトガル語・英語）

コインブラとその周辺

「モンデゴ川にかかるサンタ・クララ橋を渡った対岸からの眺めが、一番コインブラらしい」と、コインブラに住むポルトガルの友人が言った。なだらかな丘陵に赤褐色のレンガ屋根の建物がびっしりと立ち並び、その頂上辺りにポルトガルで最も古いコインブラ大学の時計塔がシンボルのように突き出している景色だ。

この町は大学を軸に発展した学問都市であると同時に、中世以前は、8世紀からの長いイスラム教徒との戦い（レコンキスタ）において、約300年もの間その最前線だった。大学周辺の旧市街には当時の名残《なごり》を感じさせるアラブ式アーチ型の城門などが残され、複雑に入り組んだ歴史と文化の年輪を確認できる。

コインブラ――Coimbra

石窯キッチン

モンデゴ川沿いの大学都市コインブラ郊外にある一軒家で、家庭料理を教わった。教えてくれたのは、小学校教師で料理上手なマリア・ルルデス。明るくてパワフルな女性だ。夫のマヌエル・ディアスはエンジニア。細身で長身、とても小さな可愛い文字を書く物静かな人。ふたりの家の庭にはイタリアンパセリやコリアンダー、バジルなどのハーブが育てられ、大きなレモンの木が実をいっぱいつけていた。

「サヨォーリには、今日からポルトガルのいろんな家庭料理を覚えてもらうわよ」

マリアもマヌエルも、そう言って楽しそうに私を迎えてくれた。それにしても私のサオリという名は発音しづらいらしく、この日から私のポルトガルネームは〝サヨォーリ〟になった。

ここコインブラもそうだが、ポルトガルでは少し郊外に出ると、石窯を備える家が少なくない。この家も本邸の細長い2畳ほどのキッチンのほかに、もうひとつ庭先に石窯を備えた離れの小さなキッチンがある。マリアとマヌエルは、ここで一緒にときどきパンや肉を焼くという。

その離れのキッチンで、早速マリアが1ヶ月分のパンをつくってくれた。どでかい桶《おけ》に6キロの小麦粉、お湯、塩、イーストを入れて混ぜ、ぐいぐいと押すような感じで全身を使って捏《こ》ねていく。マヌエルはその脇で桶をがっちり支えている。あらかた捏ね終わったら生地を発酵させるため、厚手の毛布で桶ごとぐるぐる巻きにし、2時間近く寝かせる。その間マヌエルは石窯に火を入れる仕事にかかる。

窯の中の灰を綺麗に掃除し、新たに並べたたっぷりの薪の火で窯内を熱する。まんべんなく熱が廻るよう、ごうごうと燃える薪の位置を鉄棒で調整しながら、

1時間ほど火と格闘しなければいけない。これがかなりの重労働。細身のマヌエルはすでに汗だくだ。

ようやく窯の準備が整うと、寝かせたパン生地を直径20センチほどにぽってりと丸く成形し、そのまま窯に入れて焼く。粉6キロで通常は10個焼くのだが、今日は「シャンファナ」の鍋も一緒に窯に入るので大きめのものを8個つくる。マリアが成型したパン生地を、マヌエルが大きなへらに長い柄のついたパン置き棒にのせて次々窯に並べていく。

シャンファナは、仔ヤギを石窯でじっくり蒸し焼きにしたコインブラの郷土料理だ。黒い陶器の鍋にぶつ切りの仔ヤギ、タマネギ、ニンニク、イタリアンパセリ、ローズマリー、上質のラード、甘めのパプリカパウダー「コロラウ」を加え、赤ワインを1本なみなみと注いだらフタをして準備完了。連携プレーのたまものでパンはあっという間に窯に並べられ、シャンファナの鍋も無事窯に入った。シャンファナはパンと一緒に窯で火を通したら、そのままひと晩おいて明日の昼ご飯になる。

パンは1時間ほどで焼き上がった。マヌエルが次々と焼きたてパンを窯から出す。香ばしい香りがキッチン中に広がって、これはもう、ぜひ焼きたてを食べてみたい。

「熱いから気をつけて、サヨォーリ」

微笑むマヌエルの横で、ようやく持てる状態に落ち着いたパンをちぎってひと口。厚みのある皮はバリッと香ばしく、中の生地はむっちり。嚙《か》めば嚙むほど粉の風味が豊かに広がる。ひとりウンウンうなずきながらモグモグやっていたら、

「僕は結婚してから、家ではマリアのパンしか食べてないんだよ。どこのパンよりおいしい最高のパンだからね」

と、マヌエルが話してくれた。

朝の主役マルメラーダ

コーヒーのいい香りがする。マリアもマヌエルもキッチンで朝ご飯の準備中だ。

「ボンディーア（おはよう）」

「ボンディーア」

　ダイニングテーブルにはバター、マーガリン、昨日焼いた自家製パン、マルメラーダ（マルメロのジャム）、ドーセ・デ・アボーボラ（カボチャのジャム）などが並ぶ。まずはパンを切ってそのままで。1日経って改めて食べてみても、そのおいしさは変わらない。厚みのある皮、生地はむっちり、噛むほどに粉の香りが広がる。フランスのパンがメリハリのきいた軽やかなリズムのパンなら、ポルトガルのパンはゆったりしたテンポが心地よい、おおらかなパンだ。どっしり、むっちり。次に軽くトーストしてジャムをのせてもうひと切れ。焼くことで、香ばしさがより引き立っていた。

　テーブルに並んでいるマルメラーダやドーセなどは、ジャムと訳すのが感覚としては近いと思うが、実際のマルメラーダはジャムよりもちょっと硬めで、練り羊羹のような食感だ。ほのかな酸味があとを引く。マルメロの実を煮て砂糖を加えジャムにしたら、陶器の器に小分けにし、天日で乾燥させてから保存する。食べるときは器から出し、ナイフで切ってパンにのせたり、それだけで食べる人もいる。

「このマルメラーダとセミハードチーズを交互に食べる組み合わせを〝ロミオとジュリエット〟と呼ぶのよ。甘い、しょっぱい、甘い、と食べ出したら永遠に止まらない絶妙な組み合わせなの」

シナモンの香るドーセ・デ・アボーボラも、トーストによく合う。ポルトガルのカボチャは日本のホクホクした栗カボチャなどと違い繊維がしっかりしていて、おかずとして食べるにはイマイチだと感じることが多いが、ジャムにすると俄然《がぜん》魅力的になる。朝食後、マヌエルが早速チーズを数種類のせたプレートを嬉しそうに出してくれたので早速ロミオとジュリエットを実践してみたが、案の定、朝ご飯が長引いた。

出来が気になる

長い朝食が終わると、今度は昨日のシャンファナが気になってしょうがない。マヌエルも同じだったようで、テーブルを片付け終わるとすぐに離れのキッチンにある窯から鍋を引っ張り出して、出来を調べていた。じっくり煮込まれた肉は昨日の半分ぐらいの大きさになり、鍋底にはワインや野菜などのスープが溜《た》まっている。いてもたってもいられなくなり、朝食が終わってそれほど時間も経っていないのにランチの準備を始めた。

マヌエルが出来上がったシャンファナを皿に盛り、茹でたジャガイモを添える。見た目はかなり黒くこってりした感じだが、食べると肉はほろりと柔らかく、意外なほどにあっさりしている。かすかにヤギ独特の香りがするが、赤ワインベースのソースはさらりとしていて、見た目の印象と違って食べやすい。

でも、マヌエルの表情は渋い。

「この肉、ちょっと硬いな」

「ほんとね。サヨォーリ、これはイマイチの出来だわ」

イマイチ？　そうなの？　たしかに肉はとろけるほど柔らかいわけではないが、ワインのコクと野菜の甘みいっぱいの仔ヤギの蒸し煮は、食べ飽きない好みの味だ。

「私は好きよ、これ」

そう言うと、マリアもマヌエルも納得できないといった表情で悔しそうに、「いつもはもっと、もっと、もっとおいしいんだ。これは残念ながら肉が良くない。本当はもっと柔らかい料理なんだよ」

ふたりの残念そうな、悔しそうな表情。その気持ちがとても嬉しかった。

家庭料理はレストラン料理

夜はマリアに家庭料理を2品教わった。「バカリャウ・ア・ゴメス・デ・サ」(干し鱈のゴメス・デ・サ風)と「ミーガシュ」(具入りのパンがゆ)。どちらもポルトガルの超がつくほどの定番料理だ。マリアにぴったりくっついてキッチンをうろうろしながら、ひたすら質問、メモ、メモ。

「ゴメス・デ・サは、この料理を考えた19世紀末の商人の名前なのよ」

マリアが手を動かしながら教えてくれる。まず、刻んだタマネギをオリーブオイルでよく炒め、水で戻して細かくほぐした干し鱈を加える。

干し鱈はポルトガル料理の基本中の基本となる食材だ。干し鱈料理は365種類以上、実際は1000以上、毎日食べても尽きないぐらいレシピがあるという。そもそも干し鱈は、昔からポルトガルに限らずヨーロッパ各地で保存食として食べられていたものだが、ポルトガルでこれほどの国民的食材になっているのはどういうわけか。大航海時代には既に貴重な船旅の食料とされていたと文献にはあったが、果してそれが大きな理由なのだろうか。マリアに聞いても、

「うーん、生まれたときから当たり前の存在だから、そんなこと、考えたことなかったわ」

という答え。ポルトガル人にとってはどうして定番になったかという疑問の余地すらない基本食材のよう。ちなみに干し鱈は戻し方が非常に難しい。身の厚さや部位、質によって塩の抜け加減が違うからだ。戻し足りないとしょっぱすぎるし、戻しすぎると旨みまで抜けてしまう。経験と勘がものを言うのだそう。

「干し鱈料理がおいしくつくれるようになってはじめて、優秀な料理人と言えるわね」

マリアの戻した干し鱈をつまむと鱈の旨みがしっかり。そしてほどよい塩味。

さすがはマリア先生。

　さらに茹でたジャガイモとイタリアンパセリを加えて混ぜ、器に盛ったら茹で卵を飾り付けて出来上がり。干し鱈の塩気と旨み、炒めたタマネギの甘みがバランスよくまとまっている料理だ。

「次はミーガシュ。これは具にいろんなバリエーションがあるけど、パンが必ず入るの。家庭の場合は残り物の硬くなったパンを使うことが多いわね」

　マリアのオリジナルは、ちぎったパン、茹でた豆、茹でたグレロシュ（菜花の一種）、オリーブオイル、ニンニク、塩をよく混ぜたもの。ニンニクがほんのりきいていて、味の主役は豆とグレロシュ。

「ミーガシュの名は、パンくずという意味のミガーリャからきているのよ」

　主食なのか副菜なのかよくわからない、不思議なおかずだ。

　グレロシュという野菜は、見た目は日本の菜の花やかき菜によく似ている。アブラナ属アブラナ科で、単数グレロの単語自体は新芽や花芽の意。ブロッコリーのような旨みを感じる野菜だ。

　マリアのつくった2品とも、街場のレストランでもよく見かける。素朴で、その土地の生活が見えてくるような料理だ。これが私にとってのポルトガル料理の最大の魅力でもある。

鶏の血のリゾット

翌日の昼、キッチンへ行くと、マヌエルが冷蔵庫から瓶に入った黒い液体を取り出し、鍋に入れようとしている。

「それ何？」

「若鶏の血だよ」

若鶏とその血を使って、アローシュ・デ・カビデラ（鶏の血のリゾット）をつくってくれているのだ。

「味見していい？」

マリアは、ウエーッ、まずいわよそれ、舐《な》めるの？　という表情。指先についた黒い液体をペロリ。ちょっと酸っぱい。不思議な味に戸惑う表情の私を見て、マヌエルが笑っている。

「これちょっと酸っぱいのね。どうして？」

「ワインビネガーを入れてるんだよ、血が固まらないようにね」

ああそうか、生き血だもんね。しかし冷蔵庫に生き血か。待てよ、ということは……。

「マヌエルが生きた鶏を絞めてさばいたってこと？」

「そうだよ、昨日サヨォーリが知らないうちにね」

マヌエルは淡々としている。鶏を絞めてさばくことなんて特別でもなんでもない、魚と同じでしょ、という感じ。つくづく、ポルトガルが長い肉食文化を持つ国なんだなぁと驚いた。

若鶏のぶつ切り、タマネギ、ニンニク、ローリエをオリーブオイルで炒め、水を加え、米を加えてしばらくしたら塩、こしょう、最後に若鶏の血を加えてひと煮したら出来上がり。どろっとした赤茶色のリゾット風に仕上がった。食べてみるとえも言われぬコクがある。このとろみがなんとも言えない。渋めの赤ワインにぴったりだ。日本に帰って再現したいけれど、問題は生き血だ……。

マリアの好きな貧乏料理

夕飯は「カンジャ」（鶏スープ）と「バタータシュ・アケシーダシュ」（ジャガイモのビネガー炒め）。カンジャはポルトガル家庭料理の代表選手のひとつ。ものすごく簡単な料理だから、「エ・カンジャ」（カンジャをつくるぐらいに簡単＝朝飯前だ）という表現もあるぐらい。

「鶏は丸ごと1羽使うの。砂肝やレバーなんかの内臓ももちろん全部ね。タマネギを入れる人もいるけど、うちはなし。鶏だけ。私は時間短縮のために圧力鍋で一気に煮るけど、鍋でコトコト煮る人も多いわね。味つけは塩だけよ、これは鶏の旨みが主役だから」

日本と違い、ポルトガルでは鶏は1羽まるごとで売っていることが多い。絞めて内臓を取り出し綺麗に掃除した後、レバーや砂肝などを小さな袋に入れ、それを再び鶏に戻し入れ店先に並べている。

「煮たら鶏肉は取り出して、スープにミニパスタを入れてひと煮立ちすれば出来上がり」

鶏の旨みいっぱいの、飽きのこないスープだ。鶏の味が濃いのか内臓がコクを出すのかよくわからないが、簡単なのに滋味深く、じんわりと響く味。スープに沈む米粒大のミニパスタはすぐにふやけるが、このふにゃふにゃふにゃ感も慣れるとクセになって、ふにゃふにゃじゃないと物足りなくなってきたりする。

一方、バタータシュ・アケシーダシュは直訳すると温めたジャガイモだ。コインブラよりさらに内陸の、マリアの育ったジャガイモの産地の料理だそう。

「田舎《いなか》の貧乏料理なのよ」

とマリアは照れていたが、これが結構気に入ってしまった。ひと口大に切ったジャガイモをオリーブオイルでじっくり炒め揚げし、仕上げに白ワインビネガーをむせかえるほどたっぷりと加える。取り皿には別につくった目玉焼きをのせておき、トロリとした黄身をジャガイモに絡めながら食べるのだ。

これはずばり、ワインビネガーの質で味が決まる。ポルトガルはワインの国だから、ワインビネガーの種類も豊富。上質のものも安く手に入る。日本に帰って何度かつくってみたが、どうしてもマリアのところで食べたあのおいしさは出なかった。きっとビネガーの違いなんだろうな。

カラピニェイラ——Carapinheira

ルイースおじさまの昼食会

モンデゴ川沿いにあるカラピニェイラという村の一軒家。ここでマリアとマヌエルの友であるルイース・オリベイラさんが昼食会を開くというので、お邪魔させていただくことにした。彼はコインブラを含むバイショ・モンデゴ地方の郷土料理研究家で、品のある佇まいはおじさまといった感じ。

到着するとすぐ、十数人のお客全員と挨拶だ。みんな飛び入りの日本人を喜んで迎えてくれた。広い部屋は壁一面ガラス張りの明るいサンルームで、奥にはセッティングの済んだ大きなダイニングテーブルがある。が、まずは手前のテーブルを囲んで、ペティシュコシュ（おつまみ）をつまみながらアペリティフを飲み、軽くお話タイムだ。このおつまみがまた郷土色濃く、何品もあって楽しい。

一番気に入ったのはトウモロコシの甘みいっぱいの揚げパン、「ブロア・フリッタ」に「ザラガトーア」をのっける組み合わせ。ワインビネガーのほのかな酸味がアクセントになっているイワシのフレークがはじめて食べる味だったが、クセになりそうな相性の良さだ。ほかにも生ハムやチーズなどがさまざまに並び、1時間近く立ったまま食べて喋って飲んで、ようやくダイニングテーブルへ。

まずはスープ。「ソッパ・デ・グラオン・イ・カルネ・ド・ポルコ」（ヒヨコマメと豚肉のスープ）は豚バラの塩漬けとヒヨコマメを2日間一緒に水に浸け、豚の塩分と旨みを豆に移してからじっくり煮込んだ味に深みのあるスープだ。溶けかかった豆のとろみがたまらない。

「昔、豚肉は保存するために塩漬けにしていたから、言ってみれば乾物や保存食でつくる料理ね」

隣に座っていた女性が教えてくれた。

次は「アローシュ・デ・ランプレイア」（ヤツメウナギのリゾット）。とれたてピチピチのヤツメウナギをぶつ切りにし、血と米、赤ワインと一緒に煮たどろどろのリゾット風のもの。皿に盛ると真っ黒なので驚いた。ヤツメウナギは近くを流れるモンデゴ川や北部のリマ川にも多く生息していて、それらの地域ではご馳走だそうだ。脂が強くコクがあり、かなりヘビーな料理だ。

「精がつくと言われていて男性にはとても人気があるのよ。でもクセが強いから、ポルトガル人でも好みは分かれるわね」

確かに見ていると、お代わりするのは面白いほどに男性ばかり。

さらに肉料理は「カルネ・デ・カザメント」。カザメントは結婚や結婚式の意で、これはバイショ・モンデゴ地方の結婚式に決まって食べられるお祝い料理。今日は大勢集まるからということで特別に用意されたそうだ。放牧で育てたヴァカ・ブラーバという希少な牝牛を、タマネギやショリッソ（ポルトガルの腸詰め）、白ワインやコロラウと一緒に長時間じっくり煮込んだもので、肉の柔らかさと香りの良さが印象的だ。ここまででお腹はかなり膨れていた。そろそろ限界だ。

もういらない、はまだ欲しい？

それにしても、ポルトガル人は本当によく食べる。皿が空くとすかさず、もう少しどう？　と勧めてくれる。もういらない、と言っているのにジャンジャンお代わりを盛ってくれるから、残すわけにもいかない。お代わり地獄だ。そのうちに、ぞくぞくとお菓子が出される。

「ピーニャ・ドウラーダ」（メレンゲと卵クリームのお菓子）、「ケイジャーダ・デ・ペレイラ」（ペレイラ村のチーズタルト）、「パッパシュ・ドーセシュ・デ・ポルコ」（豚の血入り蒸し菓子）、「パステイシュ・ダ・カラピニェイラ」（カラピニェイラ村の焼き菓子）。菓子の名を聞く度に食べろ食べろと勧められるので、だんだん聞くのが怖くなる。でも気になるから、結局名前を聞いては食べる。

「これ、何？」

「干しブドウや干しイチジクが入ったお菓子だよ、食べてごらんよ」

ひと口食べてみる。あれ、何かに似ている。あ、蒸し羊羹だ。ひとりでへーっと喜んでいると、隣の女性がなんだか楽しそうに教えてくれた。

「それを固めているのは、豚の血なのよ」

なんでまた菓子にまで！　驚いてスプーンが止まる。みんなは私の反応を見ると、待っていたかのように大騒ぎだ。

「びっくりした？　でもおいしいでしょ」

そう、意外になかなかなのだ。あっさりしていて、干しイチジクや干しブドウもアクセントになっていて。でも、大胆というかなんというか……。デザートに生き血。これも豚を余すところなく食べ尽くす、ポルトガルの逞しさなのかしら。

締めはやはりポートワイン。ポルトガルの食事会の締めはこれなくしてはあり得ない。ルイースおじさまのとっておきが配られる。数十年寝かされた熟成した香りを楽しんでから、こなれた甘みを味わうと、満ち足りた気分。お腹も満ち足りた。もう本当に、動けない。

テントゥガル——Tentúgal

あのお菓子

「あのお菓子がまだだったわね」

コインブラを離れる数日前、マリアとマヌエルのふたりがモンデゴ川沿いのテントゥガル村にあるお菓子屋『ポウザディーニャ』に連れて行ってくれた。ここはかつて修道院でつくられていた伝統のお菓子がおいしいと評判で、遠くから車を走らせ買いに来る人も多いそう。

ふたりの言うあのお菓子の正体は、この店の看板菓子「パステイシュ・デ・テントゥガル」。半紙のようにごくごく薄く伸ばしたパイ生地を何層にも重ね、濃厚な卵黄クリームを包んでパリッと焼き上げた修道院菓子だ。それにしてもこのパイ生地は驚くほどに薄い。一体どうやってつくっているのだろう。

「この薄い生地をつくっているところを、サヨォーリに見せたかったのよ。粉と水だけで練った生地を、広い部屋いっぱいに絨毯《じゅうたん》みたいに広げながら伸ばしていくの」

マリアも説明しながらわくわく顔だ。店の人に早速交渉してくれている。へぇ、ピザのようにくるくる回すのかな、ぜひ見てみたい。ところが戻ってきたマリアはがっかり顔。

「今日はもう作業が終わっちゃったって。残念ねぇ」

えっ……。すっかり気持ちは盛り上がっていただけに残念。でも仕方がない。旅だものこういうこともある。そう考えて気持ちを切り換えた。

「そうそう、このお菓子もおいしいのよ」

マリアの勧める「ケイジャーダ・デ・テントゥガル」（テントゥガル村のチーズタルト）が焼き上がったところだった。両方とも買って家に戻り、早速食べてみた。

パスティシュ・デ・テントゥガルから。フォークで半分に切ると、薄いパリパリの生地がほろほろと崩れる。中には卵のコクがしっかりした甘い卵黄クリームが詰まっている。このクリームの素朴な味わいと卵の風味が気に入って、あっという間に1個食べてしまった。

ケイジャーダ・デ・テントゥガルは、同じ卵黄クリームにチーズを加え、パイ皮に詰めて焼き上げたもの。甘さの中にチーズの塩気がほんのり味わえ、カリッとした焼き上がりだ。どちらも手づくり感溢れる修道院菓子だった。それにしても、やっぱり生地を伸ばすところ、見たかったかな。

メアリャーダ――Mealhada

仔豚の丸焼き街道

食の専門誌でポルトガルの食を紹介するという企画が決まった。ポルトガルに美味珍味数あれど、まずは「レイタォン」を紹介せねば。レイタォン（仔豚）・アサード（焼いた）、通称レイタォン。ポルトガルではいろいろな食材を石窯で焼くのだが、仔豚の丸焼きはその王様だ。

リスボンから高速を北へひた走って2時間、メアリャーダ村へ向かった。メアリャーダからすぐのコインブラに住むマヌエルが、

「週末はスペインから車を走らせて来る人もいて、メインの通りはレイタォン渋滞が起こることもあるんだよ」

と言っていたぐらいだから人気のほどが窺える。

村の入り口には大きなアズレージョの看板が対で並んでいて、右にはかつてポルトガル王が愛した美しいブサコの宮殿が、左には仔豚の丸焼きをつくる職人と石窯が描かれている。この妙なバランスが面白い。

メインストリートを車で流すと、串刺しになった仔豚の丸焼きのイラスト看板が次々と目に飛び込んでくる。右に仔豚、左に仔豚の誘惑は、肉好きにはこたえられない景観だ。

目指した『オ・パイネル』は広くて明るい雰囲気の店だった。奥に立派なワイ

ンセラーがあり、昼前だったが、近所のおなじみさん数人が早くもテーブルでワインを飲んでいた。

ご主人のマヌエルさん（コインブラのマヌエルと同じ名前！）はお髭の似合うセニョール。今にもギターでも弾き出しそうな陽気な人だ。料理人特有のシャキッとした清潔感も漂う。早速店の奥にある焼窯へ案内してもらった。

調理場の向こうには、がっちり組まれた石窯がデンと2つ。その前で弟子のパウロ君が待っていてくれた。焼く作業は昼前には終わらせるので窯の火は既に落としたところだったが、まだほんのり熱を持っている。石窯に差し込んでいる長い金属の棒を引っ張り出すと、その先には棒に摑《つか》まっているかのような仔豚が、香ばしく焼き上げられている。

マヌエルさんいわく、おいしいレイタォンのポイントは次の3つ。

①仔豚は生後8～9週間の乳飲み仔豚に限る

これ以上成長すると肉と脂がはっきりと分かれてしまい、肉のしっとり感が失われる。だから、肉と脂がまだ渾然《こんぜん》一体となっている乳飲み仔豚でないと、レイタォンとは言えない。

②朝一番で絞め、すぐに血抜きや内臓処理をする

とれたての魚や朝堀の筍《たけのこ》と同じように、仔豚も新鮮さがおいしさの肝だという。マヌエルさんが最も気を使っているという店の裏にある仔豚処理場を見せてもらうと、どこもかしこもピカピカで、舐めても平気なぐらい徹底的に掃除がなされている。清潔さもおいしさに直結するということのようだ。

③お腹に詰める特製ペーストが肝心

上質の（マヌエルさんはここを強調）ラード、塩、こしょう、つぶしたニンニクを秘密の配合で混ぜた特製ペーストが味を決める。これを仔豚のお腹に詰めたら麻糸で縫い、棒に刺して石窯で焼く。皮には何も塗らない。

マヌエルさんが大きなバケツのような容器を誇らしげに持ってきて見せてくれた。中には今朝つくった特製ペーストがぎっしり。ラードがベースだから白っぽい。

「これを仔豚に詰めたら、石窯に薪をくべてじっくり1時間以上、様子を見ながらつきっきりで焼くんだよ。皮に焦げ目がまんべんなくつくように上下を返しつつ、中にじっくり火が通るようにね。大人数の食卓に出すときはまずこの焼き上

がりの美しい姿を卓上に出して、みんなで旨そうだ！　とか盛り上がって、その後切り分けるんだよ」

　ひと通り教えてもらったらいよいよレイタォンを解体。マヌエルさんがこんがりと焼けた仔豚を棒からはずして長い台にのせ、ざくざくとはさみを入れて切り分けていく。ナイフじゃなくてはさみなのが大胆でいい。切ったそばから肉汁がじんわり、しっとり柔らかそうなお肉が覗く。

　それでは、いたーだきーますといきたいところだが、まずは撮影だ。カメラマンの近藤正之さんがスタンバイを済ませたテーブルに運び、誌面に載せるための写真を撮る。

「もうちょっと引いた感じがいいかな」

「そうですね」

「つけ合わせのオレンジ入れる？」

「はい。あー、おいしそう」

　撮っている皿を脇から見つめながらどの部分から食べようかと迷って気もそぞろだ。

やがて撮影が終了し、いよいよ食べられる。まずは飴色《あめいろ》でつやつやの皮部分から。フォークで刺すと皮がバリッと音を立てて割れる。噛むとさらにパリパリ音がし、焼きたての香ばしさが口いっぱいに広がる。皮のすぐ下の肉は弾力がありしなやかでしっとり、表面はつるんとしている。皮と肉の間にあるわずかな脂が溶けうっすらと肉を覆っているのだ。思ったよりあっさりとした味。

次にマヌエルさんお薦めのお腹の方の味の濃い部分を食べてみる。特製ペーストが肉にきいていて、こしょうも塩もかなり強め。これにはお口直しのオレンジスライスがよく合う。さらに、皮を剝いて厚めに切った生のジャガイモを油でバリッと揚げただけの極厚チップスもたっぷりついてくる。ジャガイモの味も風味もびっくりするほど濃い。

合わせるワインは何がいいかとお薦めをたずねると、地元バイラーダ特産の「バガ」というブドウでつくられた、渋みや果実味のバランスが良い赤だとか、やはりバイラーダ産の香り高いエシュプマンテ（シャンパーニュと同じ製法のスパークリングワイン）だという。その話でマヌエルさんや店の従業員、周囲で食べていた地元のお客までが盛り上がっていく。結局、マヌエルさんお薦めのバイラーダの赤を選んだ。綺麗な赤い色が印象的なこのワイン、ほんのり残る渋みが肉と合って大正解だった。レイタォンの皮、オレンジスライス、レイタォンの肉、ポテトチップス、赤ワインの幸せサイクル。ああ、止まらない……。

アヴェイロ――Aveiro

修道院菓子には覚悟せよ

コインブラから車で北に1時間半ほどの場所にあるアヴェイロは、色彩豊かな町だ。

あらゆる建物の壁は、アズレージョで鮮やかに埋め尽くされていて、しかも数百年以上昔の手描きのものや凹凸のはっきりした立体的なものから、現代的な柄のものまでさまざま。この辺りは大西洋岸から少し内側の潟（ラグーン）が入り組んでできた地域のため土壌が粘土質で、昔からアズレージョの工場が何軒もある。だからアズレージョのデザインのバリエーションが多いのだ。町の中央を流れる運河には、黄色や青のくっきりした色が印象的なモリセイロという小舟が浮かぶ。鮮やかな色とさまざまな模様で華やぐこの町は散歩が楽しくてついつい歩き廻ってしまう。

町のあちこちの菓子屋で売られているのが、「オーヴォシュ・モーレシュ・デ・アヴェイロ」という伝統的な修道院菓子だ。魚や貝の形をした小さな最中《もなか》風で、中には真っ黄色の濃厚な卵黄クリーム「ドーセ・デ・オーヴォシュ」が詰まっている。魚や貝の形をしているのは、この町が漁業で潤ったという歴史に由来するという。

このドーセ・デ・オーヴォシュは修道院菓子に欠かせないクリームだ。テントゥガル村の菓子屋でも出会っているが、とにかく主役と言ってもいいぐらいさまざまな菓子に使われている。地元の人が紹介してくれた1882年創業の老舗菓子店『マリア・ダ・アプレゼンタサォン・ダ・クルズ・エルズ』で、菓子職人の女性達に修道院菓子の話を聞いた。

「まだ砂糖が貴重な存在で富の象徴だった時代、修道院には自分の娘を預ける貴族などから大量の砂糖が寄進されて、修道院菓子を甘くする大きな理由になったのよ」

「菓子に卵がたっぷり使われたのは、鶏が寄進されたことも背景にあるわね」

甘くて黄色い卵黄クリームは、そういった状況から自然に生まれたものだったそうだ。

ちなみに、オーヴォシュ・モーレシュ・デ・アヴェイロの最中の皮にあたる部分は、修道院でつくられていた白くて薄いオシュテア（キリストの体を表す聖《せい》餅《へい》）だ。材料は小麦粉とイースト、水のみ。

「想像だけど、きっと当時の修道女が、ミサ用のオシュテアに卵黄クリームを塗ってつまみ食いをしたら意外においしくて、そこから生まれたんじゃないのかしらね」

と、菓子職人の女性達のご意見。

でもなるほど、案外これが真実だったりして。修道女がそーっとつまみ食いをする姿、私にも想像できる。

店の奥にある作業場には、ひと抱えもある大きな銅鍋がひとつ。卵黄クリーム用の鍋だそうだ。

「たっぷりの砂糖と水でシロップをつくったら、タイミングを見て卵黄を加えるの。大体1回に300個ね。ごく弱火にかけながら木じゃくしで一定方向に混ぜるんだけど、火加減と混ぜ方が難しいのよ」

卵黄クリームができたらシート状のオシュテアを魚や貝のモチーフに型取り、最中のようにクリームを詰めて挟む。さらに仕上げに砂糖のシロップにさっとくぐらせ、乾かして出来上がりだ。

出来たてのオーヴォシュ・モーレシュ・デ・アヴェイロは小ぶりでおもちゃのようだ。早速ひとつ食べてみる。パリッと薄い皮の中に詰まったクリームは卵黄の濃厚な風味たっぷり。そしてとてつもなく甘い。なにしろこの菓子、砂糖の甘さが修道院の豊かさや菓子のおいしさを示した時代のレシピを固く守っているわけで、甘くてなんぼ。それはわかっちゃいるけれど、なんというか、ちょっと覚悟が必要な甘さだ。1個食べ終わる頃には、渋い緑茶が猛烈に欲しくなる。

町を歩いているともう1軒、坂道沿いの小さなお菓子屋『コンフェイタリア・

ペイシーニョ』が気になり覗いてみる。この店ではアヴェイロより少し北に位置するオヴァールという町で生まれた「パォン・デ・ロー・オヴァール」（生焼けパォン・デ・ロー）もつくっていた。

ポルトガルのパォン・デ・ローはスペイン北部のビスコチョ同様、長崎のカステラの原形と言われている菓子。そもそもカステラの名の起源は、かつてイベリア半島で大きな力を持ったカスティーリャ地方の王国の名が転じた、とも言われているが、諸説紛々だ。基本の材料は卵、砂糖、小麦粉だが、ポルトガル国内には生焼けからしっとり、ボソボソ、フワフワなど各地に無限にレシピがある。

早速、手のひらサイズのパォン・デ・ロー・オヴァールを食べてみる。スプーンですくうと、中はとろりとしたクリームの状態だ。たっぷりの卵黄と砂糖が使われ、つくりかけのケーキの生地を舐めているような感じ。そして、これまた徹底的に甘い。ポルトガルの修道院菓子の甘さはとにかく半端じゃない。たとえどんなに甘いものが好きな人でも、食べるときには覚悟が必要なのだ。

カメノテ食べたい

アヴェイロは魚介類の宝庫。深く複雑に入り組んだ肥沃な入り江が天然の漁港となり、栄えてきた歴史を持つ。

ここで最も食べたいものは何かと聞かれたら、答はひとつ。

「ペルセーベシュが食べたい」

ペルセーベシュとはカメノテのことだ。文字通り、亀の手のような形の甲殻類でフジツボの一種。茹でた身は蟹《かに》やホッキ貝、さらには鶏肉のような独特な旨みを持つ。ポルトガルのものは、日本で見るものよりちょっと腕が伸びたようなよりグロテスクな姿なのだが、味はほとんど一緒。東京の料理屋などでは意外に高価で数個食べたらもうおしまいだが、こっちでは皿いっぱいに山盛りのものをムシャムシャ食べても20ユーロぐらい。アヴェイロのランチの席でそんな話をしていたら、同席していた食品輸出会社社長のマヌエル・ディアス（またまたマヌエルさん）が食べに行こうと誘ってくれた。

夜8時過ぎ、マヌエル行きつけの店『コスタ・ノヴァ』に着く。夕食は9時過ぎからが当たり前のポルトガル、客はまだひとりもいない。マヌエルが真っ先に、店の人にペルセーベシュがあるかと確認してくれた。カウンターに目をやるとあったあった、並んだトレーに山盛りになっている。今日は1人前200グラムで9ユーロ。以前リスボンで食べたときよりも安い。間もなくマヌエルの部下のゴンサーロとガブリエラも店にやってきて、4人で食事がはじまった。

テーブルの真ん中にドンとペルセーベシュの山盛りが置かれると、挨拶もそこそこにみんなで一斉に皿に手を伸ばし、柔らかい殻をスポッと引っ張っては、中の小さなプリッとしたむき身を口に運び、おいしい汁をチュッと吸う。文句なしの味に、4人はあっという間に旨みのとりこになった。

気がつくと、全員がこの動作に集中して会話が全くない。まさに蟹を食べているような状況だ。で、皆同時にこの状態に気付いて大笑い。

「ひどいよね、私達みんな初対面なのに、ははは」

と、うっかりペルセーベシュのおいしい汁がはねて、私のTシャツにピンク色のシミができた。あーあ、旅行中の服にシミとは。手持ちの服には限りがあるというのに。

「大丈夫、シミ取り道具を持ってきてもらおう」

物腰の柔らかな青年ゴンサーロがすかさず店員に声をかけると、スプレーと靴磨きブラシのようなものがのった皿がやってきた。みんなよくやるから、いつでもシミ取りの用意があるのだ。

「シミをスプレーで固めて、しばらくしたらブラシで払うと綺麗に落とせるよ」

早速胸元にスプレーをかけていると、マヌエルがおかしそうにこっちを見ながら言う。

「サヨォーリ、最初にむき方の手本を見せたのに見てなかったでしょ」

どうやらマヌエルが、汁の飛びはねない上手なむき方をやって見せてくれていたらしいのだが、そうだっけ……。あ、そういえば、こっちを見ながらスローモーションみたいにしてむいていた、あれはお手本だったのね。

「意味がわからなかったから、マヌエルがふざけてるのかと思ってたよ」

「そんなひどいなぁ、ちゃんと見てくれてなかったの？　僕がばかみたいじゃゃん」

またまた4人で大爆笑。一気に会話がはじまった。

次にやってきたのは「エンギーアシュ・フリッタシュ」。小ウナギの素揚げだ。ウナギはアヴェイロの特産品だそう。かりかりに揚がっていて香ばしく、ほんのり塩味がきいている。これまた手で食べる。次がカラピニェイラでも食べた、黒く煮込まれたアローシュ・デ・ランプレイア。ヤツメウナギのリゾットだ。しっぽの方は少しコラーゲン系のとろみがあって、必要以上にスタミナがつきそうだ。青年ゴンサーロは好物らしく、何度もお代わりしていた。

そして最後は「カルディラーダ・デ・ペイシェ・ミシュタ」(いろんな魚の煮込みスープ)。アンコウ、ウナギ、エイなどの魚のぶつ切りを、たっぷりのタマネギ、トマト、ジャガイモ、イタリアンパセリなどと一緒に煮込んだもの。水は加えず野菜と魚から出る水分だけで煮る。いろんな魚と野菜の旨みがごった煮になってしかも調和している。魚介類だけでこれだけいろいろな料理が楽しめるなんて、アヴェイロは本当にシーフード天国だ。

翌日の昼は、アヴェイロから少し離れた海沿いの町、ガファーニャ・ダ・エンカルナサォンにある店『アンジェ』で、マヌエルの薦めるツブ貝のピリ辛煮を食べた。これまた手が止まらなかった。

なぜだろう、手で食べる魚介類にはついつい夢中になってしまう。

ポルトとドウロ地方

「ポルト」はポルトガル語で港の意。隣国スペインから流れ込むドウロ（黄金）川河口の港町ポルトは、ポルトガル発祥の地だ。ローマ帝国の支配下時代、かつてこの一帯はカレと名づけられ、カレの港、つまり「ポルトゥ・カレ」が国名「ポルトガル」の元になったと言われる。ドウロ川上流の地域は紀元前からワインづくりの歴史を持つ。きつい傾斜に広がるブドウ畑、照りつける太陽、悠々と流れる川、ワインを育てる人々、河口ではこれをさらに熟成させ、売る人々。ドウロ川を中心とするこの地域には、そんな人達の生活が、今も生き生きと残っている。

ポルト——Porto

モツ食い

「ポルトの人々は〝トリペイロ〟って呼ばれてるんだよ」

「トリペイロ？」

「〝モツ食い〟って意味だよ」

　ドウロ川の河口に広がるポルトガル第2の都市ポルトは、紀元前ローマ帝国時代には既に港として機能していたという歴史ある港町。現在でもポルトガルの商工業の中心地だが、15世紀にはエンリケ航海王子の拠点だった。大航海時代の幕が開けた1415年に、ポルトの港からアフリカ北岸のセウタ攻略を目指して、たくさんの人々が遠征航海に旅立った。そのときポルトの市民は、旅立つ船員達のために、ありったけの肉を差し出したという。

「それで、自分たちは残りの臓物だけを調理して食べたんだよ。だから、今でもモツの煮込みは、ポルトの名物料理なんだ」

取材に同行してくれたカメラマンのパウロ・アレシャンドリーノは物知りだ。ふたりで早速、そのモツ煮込みを食べにポルトの町のレストラン『トリペイロ』へ向かった。

落ち着いた雰囲気の店内では数組の客がゆったりと食事をしていた。しばらく待つと、目当ての看板料理「トリッパス・ア・モーダ・ド・ポルト」（モツのポルト風煮込み）が目の前にドンと置かれた。えっ、これで2人前？

10人前用かと思うほど大きな深い茶色の陶器には、細かく刻んだ牛の胃や腸といったモツ類、豚の耳や足、ショリッツソ、サルピカォン（スモークハム）などが、ニンニク、タマネギ、ニンジン、白インゲンマメなどと一緒にトロトロに煮込まれている。コロラウが入っているせいか全体的に茶色く、溶けた野菜とモツの旨みがたっぷり。ショリッツソやサルピカォンなどに入っている香辛料も適度にきいて、味が複雑に絡み合っている。日本の味噌味や、イタリアのトマト味とも全く違うポルト風モツ煮。

味と香りに引っ張られ、食は進む。にもかかわらず中身はちっとも減らない。鍋の底からトリッパス（モツ）がどんどん湧き出ているんじゃないかと思うほどだ。おまけにもうひと皿、うっかり頼んでしまった「バカリャウ・コン・ナタ」（干し鱈のクリームグラタン）が揃い、テーブルの上は恐ろしいことになった。

「この量って、ポルトガルでは普通なの？」

パウロが苦笑しながら、

「昔の人には普通だったと思うけど、現代人には多すぎると思うよ。でも、店の多くはまだこのくらいのボリュームを出すね。食べきれなかったらみんな残すから、サヨォーリも残せばいいよ」

そうよね、いくらなんでも現代人には多いよね。しかし辺りを見回すと、完食に近いテーブルが多いのだ。年配の夫婦でもしっかり平らげている。

やっぱりポルトの人達は、みんなトリペイロなんだな。

〝タコも天ぷら〟

日本と同様、ポルトガルでもタコは人気者だ。煮て、焼いて、サラダでと食べ方はいろいろだが、ポルトガルには嬉しいことに、「アローシュ・デ・ポルヴォ」（タコご飯）と「フィレッテシュ・デ・ポルヴォ」（タコの天ぷら）がある。ご飯ものに天ぷらなんて、和食みたい。

タコ料理で有名だというポルトの店『カーザ・アレイショ』には珍しく日本語メニューがあった。滅多に目にしない日本語を追っていくと、魚料理の欄に白身魚の天ぷら、タコも天ぷらとある。タコも？　タコまでも、ってこと？　いやいや、おそらく〝タコの天ぷら〟の打ち間違いでしょう。でもなんだかおかしい。

キッチンを覗かせてもらうと、ポルトガル定番の袖無し割烹着風エプロンを着た女性料理人達が、逞しい腕をあらわに次々と料理を仕上げていた。大きな体と機敏な動きで、みんな存在感抜群だ。邪魔にならないよう端の方で見ていると、ひとりの女性料理人が話しかけてくれた。

「うちのタコご飯は、よそと違って茹でダコじゃなく生のタコを使ってるの。タマネギのみじん切りと一緒に小さく切って炒めたら、米と水を加えるだけ。だからだしが濃くて味も深いのよ」

鍋に入っているたっぷりのご飯は、タコの綺麗な赤色に染まっている。女性がご飯を皿に盛り、その横に揚げたてのタコ天を添えてくれた。

「天ぷらはね、タコの足を圧力鍋で蒸して縦半分に開いたら、楊枝《ようじ》で平たく整えて、粉と卵の衣にくぐらせて揚げるの。柔らかくてびっくりするわよ。ほら、揚げたて食べて」

まずは揚げたてのタコ天から。ウナギの蒲焼《かばや》きみたいに平べったく、ステーキみたいに大きなタコ天ぷらは、日本の天ぷらのカリッとした食感とは違って、衣は薄くしっとりしている。ポルトガルには珍しく、衣に味がついていない。タコの味が主役だからだそうだ。タコは歯で嚙みきれるほど柔らかく、あっさりとした塩味。何もつけなくてもタコの味だけで十分。

タコご飯は、パラリと軽く仕上がっている。タマネギの甘みと薄切りの生タコの濃い旨みがお米にしっかり浸みていた。米の間から見え隠れする薄切りのタコは、持てる味を出しきったからか、ちょっと硬く反り返っていた。

タコで思い出すのはもう1軒。ドウロ川のほとり、多くの人で賑わうポルトのカイス・ダ・リベイラ地域のレストラン『ペザ・アロシュ』。ここで食べた「ポルヴォ・フリット」(タコ足のまる揚げ)は、まるのままの大きなタコ足に小麦粉をまぶし、さっと揚げた唐揚げ風。タコはやはり柔らかく、豆の入ったリゾット風ご飯が添えてあった。

なぜかポルトガルでは、揚げ物にはリゾット風のご飯もの、と組み合わせが決まっている。それも、豆やトマトの入ったご飯が多い。主食ではなくあくまでつけ合わせの存在なのだが、米とおかずの組み合わせに、日本人としてはなんとも嬉しくなってしまう。

学ぶより飲め！　ポートワイン

ワイン商のカルロスが言う。

「ポートワインを知るには、まずガイアに行かなきゃ」

ドウロ川を挟んだポルトの対岸にあるヴィラ・ノヴァ・デ・ガイア、通称ガイアという地域は30以上のシッパー（ポートワインメーカー）がひしめくポートワインの商売のメッカ。ポルトに住み、自らワインビジネスを手掛ける社長であるカルロス自身も、以前はこのガイアにあるポートワインの公的機関ＩＶＤＰ（インスティテュート・ド・ヴィーニョ・ド・ドウロ・イ・ド・ポルト）に在籍していた。

「ポートワインがなぜ甘いか知ってる？　サヨォーリ」

なんとなく知っているつもりだったが、もう一度きちんと専門家の説明で頭の中を整理したい。ガイアにある店『アデガ・イ・プレズンタリア・トランスモンターナII』で北部のハムや腸詰めなどをつまみながら、カルロスのポートワイン講座がはじまった。

「あの甘みは、すべてブドウの天然の糖分なんだ。まず収穫したブドウをつぶして果汁をつくるでしょう。この果汁の中の糖分を発酵させるとワインになる。でもポートワインの場合は、その発酵の途中で蒸留酒を加えて発酵を強制的に止めて糖分を残すんだ」

発酵途中のものに蒸留酒（ブドウからつくったブランデー）を入れ、わざとアルコール度数を上げてやる。すると酵母の活性化がおさまり、発酵は止まる。発酵せずに残った糖分が、あのコクのある深い甘みとなっていくのだ。

「この作業は〝酒精強化〟というんだよ。酒精強化するから、甘くてアルコール度数の高いポートワインができるんだ」

　酒精強化は英語で〝フォーティファイド〟。フォーティファイドワインとしては、マデイラ島のマデイラ、スペインのシェリーも有名だ。

　ポルトガルの観光地などでは〈そもそも蒸留酒を入れたのは、ワインの劣化を防ぐためだった〉と紹介されていることが多い。17世紀末から18世紀はじめ、イギリスへのワイン輸出量が増えた時期に、長い船旅による気温の変化や揺れの激しさに耐えられるよう、ワインにアルコールを加える手法がとられたのだという。ただ、専門書をあたってみると、この経緯については諸説あって、本当のところはよくわかっていないというのが現状らしい。

　ポートワインが生まれたのは17世紀と言われているが、それが本当なら、16世紀に織田信長が好んで飲んだと言われている、ポルトガルから献上されたワイン

「ちんた（珍陀）酒」は、ポートワインじゃなかったということになる（ちんたと呼ばれたのは、赤ワインを指すポルトガル語「ヴィーニョ・ティント」が変化したものだと言われている）。私は、ちんたは甘いポートワインだと思い込んでいた。

「で、酒精強化されたワインは産地のドウロ地域でひと冬越して、基本的には翌春このガイアに運ばれる。ここからはシッパーごとに、さらに熟成やブレンドを重ねて、いろんなタイプのポートに仕上げていくんだ」

カルロスが、几帳面な字で私のノートに細かく分類表を書きながら、さらに丁寧に教えてくれる。

「大きく分けると、赤ワインからつくるレッドと白ワインからつくるホワイトがある。レッドは、さらに酸化させないルビーと酸化させるタウニーに分かれる。で、いま気軽に飲んでいるようなカジュアルなルビーやホワイトは、最もフレッシュなタイプ。それでも平均で約3年は熟成させているけどね。こういうフレッシュな普及版が、ポートワイン生産量全体の約9割なんだ。１杯の値段も、まあ数ユーロ程度だね」

普及版レベルなら、私も街の気軽な食堂でよく飲むから馴染みがある。

「でも、僕がサヨォーリに知って欲しいのは、残り1割のスペシャルなポート。普及版よりも品質の良いブドウを使ってつくられているんだよ。代表的なのは、ワイン同様セラーで何十年と長期熟成させる〝ヴィンテージ〟だね。ブドウの出来が素晴らしい年にしかつくられないから、せいぜい10年に2、3回つくるチャンスがあるかどうか。ヴィンテージは香りも芳醇《ほうじゅん》だし、味わいも優雅で、ブルーチーズなんかとよく合うんだ」

スペシャルなポートを語るカルロスは、さらになめらかな口調になった。愛してやまない、という感じだ。

「それから、〝タウニー〟ね。これは、熟成中に酸化させるので、年数が経つにつれワインが琥珀《こはく》色になって、香りも複雑なナッツのニュアンスを持つんだ。20年、40年とさらに熟成させると、馥郁《ふくいく》たる香りやエレガントな風味が楽しめて……」

カルロスのおいしそうな講義を聞いていたら、俄然スペシャルが飲みたくなった。

「カルロス、私、そのスペシャルを飲んでみたい。ここで飲める？」

「この辺りのお店ならどこでも飲めるよ。でも折角だから、スペシャルの中のスペシャル、僕の家にあるとっておきをご馳走してあげるよ」

15分後、ポルト市内のカルロス家に移動し、とっておきをご馳走になった。家族が寝静まった夜中、カルロスがそーっと大事そうにボトルを持ってきてくれる。

まず、タウニーのとっておきを1杯。

「これは、タウニーの中でも〝コリェイタ〟といって、とくに質の高いブドウが収穫された年のものだけでつくられる貴重なものなんだ」

グラスに丁寧にそそがれた液体は、濃いハチミツのような、カラメルのような、深い琥珀色。

「ヴィンテージよりも生産量が少ないから手に入りにくい。これは1989年に収穫して2002年にボトル詰めしてるから、13年の熟成だね。バーメスターというブランドのものだよ」

グラスを顔に近づけるだけで、複雑な枯れた香りが鼻の奥までふわりと広がる。これがポートワイン？　まるで上品なブランデーのようだ。枯れて旨みが強まっている。

次は、ラベルのない素のボトルに入ったヴィンテージ。

「これはね、本当に特別なんだよ。滅多に出会えないんだ」

カルロスが、ボトルを愛《いと》おしそうに眺めながら話す。

「80年から90年ぐらい前のヴィンテージポートだよ。これはまず売ってない。僕は友達に頼んで譲ってもらったんだ。ちょっと強いから、少しずつ飲んでね」

グラスの中のワインの色は、濃く深く、黒に近い赤だ。今度は、さっきと全く違う性質の濃縮感の強い芳醇さだ。ぐっと凝縮された甘さと香りが、一瞬で贅沢《ぜいたく》な気持ちにしてくれる。

「ね、すごいでしょ」

カルロスは、僕の言っていた意味がこれでわかったでしょ？ と、私の喜ぶ表情を確認しながら嬉しそう。確かに、ワインがこんな味になるなんて。カルロス、大切な宝物をありがとう。

「ポートは、ほんの少しで豊かな気分になるでしょ。友達が遊びに来たら、僕はコーヒーじゃなく、ポートでもてなすんだ。そんなときは、あまりスペシャルではないものの方が気軽に飲めていいね。ポルトガルでも、スペシャルなものは普段からそんなに飲めるものじゃない。結婚とか、出産とか、誕生日とか、家族や友人との大切な記念すべきひとときに飲むんだよ」

ポートのゆったりとした味わいは、ゆったりとした気持ちと、ゆったりとした時間を運ぶものなのだ。

フランセジーニャはポルトのお好み焼き

カルラとソニアは、私と同じ30代半ば。ふたりはポルトで小さなコンサルティング会社を経営している。生粋のポルトっ子である彼女たちが、ポルトのB級郷土料理を食べさせてくれるというので、連れて行ってもらった。

食事の前に、覗いてみたかった市内のボリャオン市場を見学。パン、チーズ、花、乾物、香辛料、茶、肉、魚、野菜とさまざまな店がひしめき合っているが、なんといっても強烈だったのは、どこの肉屋の軒先にも、干した牛や豚の腸が束ねられ、たすきみたいにひらひらと下がっていたことだ。これ、どうするの？

「驚いた？　これは腸詰めをつくるときに使う腸よ。こっちじゃ家庭で腸詰めをつくるのは普通のことなの。家ごとに味つけや香辛料使いに違いがあって、みんな親に教わるのよ」

そう話すカルラもソニアも、自分で腸詰めをつくった経験があるという。さすが肉食文化の国。市場には干した腸だけでなく、内臓類やショリッツォなどの腸詰め類、豚の血を固めたサング・コジードなど、日本ではあまり見かけないものもたくさん並んでいて面白い。

「今日はフランセジーニャを食べるわよ。ポルトに来たからには、サヨォーリには絶対食べてもらわないとね」

とカルラが話す。このフランセジーニャという食べ物こそ、今日のお目当てのB級郷土料理。腸詰めを使った料理で、ポルトっ子には日常的な食べ物だという。みんなそれぞれにお気に入りの店があるとか。言ってみれば大阪人にとってのお好み焼きのようなものらしい。

カルラはさらに熱く語ってくれた。

「フランセジーニャは、フランスに出稼ぎに行った人が、帰国後クロックムッシュをポルト風にアレンジしたものって言われてるの。厚切りパンの上に数種類のハムと生のリングイッサという腸詰めなんかをのせてチーズをたっぷりかけて焼いたら、辛口のトマトベースのソースを添えるの。ポルトではいろんな店がフランセジーニャを出してるけど、私は『クフラ』のが絶対お薦め！　一番ね！」

その『クフラ』は地元でも人気店らしく、とても大きな店だった。奥のカウンターでは、おじさん達がビールをひっかけながら大画面テレビのサッカー観戦に夢中。ほかのテーブル席では、学生風から3世代家族の大所帯までがワイワイ大騒ぎしている。

配られたメニューは料理名がびっしり。内容豊富で迷ってしまうが、結局、カルラお薦めのフランセジーニャ、北部の定番スープ「カルド・ヴェルデ」（ジャガイモと千切りキャベツのスープ）、「アメイジョアス・ア・ブリャオン・パト」（アサリのブリャオン・パト風）を頼んだ。

カルド・ヴェルデはジャガイモ、タマネギのポタージュに、コーヴ・ガレガというキャベツの原種、ケールの葉の千切りをたっぷり入れ、塩味だけで煮込んだスープ。仕上げにたらすオリーブオイルの香りが食欲をそそる素朴なスープだ。野菜だけなのにとても味わい深い。

もうひとつのアメイジョアス・ア・ブリャオン・パトは、アサリをニンニクと白ワインで炒めたシンプルな一品。たっぷりのレモン汁で仕上げられている。

「アサリから出ただしはパンに浸み込ませて食べるの。このスープが肝よ！」

3人で、パンをギュウギュウとスープに押しつける。2品とも、素朴で飾らない庶民の料理なのだ。

で、肝心のフランセジーニャだが、これはお肉たっぷり、チーズたっぷりのボリューム満点な厚切りトースト。中に挟まっているリングイッサはピリリとスパイシー、もう1本の腸詰めにはコロラウが入り、肉の旨みもしっかり。その下には種類の異なるハムが重なって敷かれ、全体にかなり食べ応えがある。ナイフで大きく切りながら、トマトソースをつけて食べるのがポイント。でも、ソースはもっと辛くてもいいかな。そんな感想を伝えようと、ふと顔を上げると、向かいのカルラはフランセジーニャよりテレビで流れているサッカーの試合に釘付けになっている。

「カルラ、FCポルトが好きなの？」

FCポルトは地元サッカークラブ。大阪の阪神タイガースみたいなものらしい。

「え、うん、まあまあね」

努めてクールに答えるカルラ。するとソニアがクスクス笑いながら、

「カルラはね、FCポルト命。試合のある日は朝からそわそわしてるのよ。私はサッカーなんて興味ないけどね」

途端にソニアとカルラは、あなたの方がサッカー好きじゃない、と笑いながら半分真顔でやり合いだした。実は、ふたりとも熱狂的なサポーターなんじゃないの？

「FCポルト以外のクラブは興味ないの？」

考えれば随分間の抜けた質問だが、聞いてみた。するとカルラが熱く答える。

「ポルトのクラブにしか興味ないの。リスボンのスポルティングもベンフィカもだめね。大体リスボンっ子は首都に住んでるクセに働かないもん、だめよ。商いのポルト、学問のコインブラ、祈りのブラガ、でもって遊びと政治のリスボン、ポルトガルはそういう国なの、サヨォーリ」

生粋のポルトっ子、カルラの対リスボン意識が炸裂する。やっぱりポルトは大阪に似ているかも。

パン、肉、スイーツ。パシュコアの特別料理

「『パシュコア』の日は料理も特別だから、食べに来たら？」

ポルトに住む版画家の樋口さんが、夫のペドロの実家で開かれるパシュコアの食事会に招待してくれた。

パシュコアとはキリストの復活祭のこと。毎年変わる移動祝日で、3月後半から4月にかけてのいずれかの日曜日。厳密には、春分の日以降の満月の日から数えて最初の日曜日だ。ポルトガルではクリスマスの次に大きな行事で、数日前から料理やお菓子の準備をし、当日は親戚一同が集まり一日中宴会だという。樋口さんの夫のペドロは、数学者で大の日本好き。家族に日本茶を淹《い》れる姿も、すっかり板についている。

パシュコア前日の午前中、ポルトの郊外にあるペドロの実家を訪ねた。親戚は皆その周辺に住んでいるそうだ。先に彼の親戚の家を訪ねると、早速コルデイロ・アサード（仔羊の炭火焼き）の仕込み中だった。仔羊に塩、ニンニク、ロー

リエ、唐辛子、レモン汁、白ワインで下味をつけていた。これを調味したままひと晩寝かせ、明日、石窯で焼くという。

「パォン・ドースも毎年パシュコアのときに必ず焼くのよ。もう何回つくったかわからないわね」

パォン・ドースとは甘いパンのこと。トウモロコシ粉やシナモン、砂糖が入っているという。仕込み中のパン生地に鼻を近づけてみると、シナモンのいい香りがする。滅多に食べられないパンと聞いて、ますます明日が楽しみになってくる。

続いて歩いてすぐのペドロの実家を訪ねる。時間はちょうどお昼どき。

「ボアタール（こんにちは）」

ペドロのお母さんは、キッチンでお昼ご飯の準備中だ。さっきまで、明日のためのパォン・デ・ローを仕込んでいたという。卵白たっぷりのふんわりタイプは既に焼き上がっていた。オーブンではもうひとつ、中が半生のとろとろタイプが焼かれているところ。

「お昼はカンジャとバカリャウ・ア・ゼ・ド・ピポのわが家風よ。サヨォーリは食べたことあるかしら？」

カンジャは食べたことがある。コインブラのマリアもつくってくれた定番の鶏スープだ。マリアのと違い、ペドロのお母さんはだしを取った鶏肉も、割いてスープに入れている。ミニパスタも、かなりたくさん入っている。

ゼ・ド・ピポはポルトで有名だった料理屋の主人のニックネームだそうで、牛乳で煮て戻した干し鱈に炒めたタマネギ、マヨネーズやマッシュポテトをたっぷりとかけ、オーブンで焼く料理だ。

「うちのはマヨネーズなしなのよ、ほら」

焼き上がったバカリャウ・ア・ゼ・ド・ピポを見せてくれたのだが、これがまたたっぷり！　40センチ四方、深さ10センチ以上はある陶器の深皿一面に、マッシュポテトの海が広がっている。その真ん中辺りに厚みのある立派なバカリャウの切り身がいくつも沈み、タマネギのかかった上面は、おいしそうな焦げ色がついている。凄く食欲をそそられる料理だが、それ以前に量に圧倒される。一体何人前なのかと樋口さんに聞くと、

「今日はペドロの兄弟夫婦も集まるから、多分8人分かな。多いよね、やっぱり」

日本人ならおそらく倍の人数でも十分足りる量だ。

席に着くと、まずはじめにカンジャが出された。ポルトガルの鶏の味が濃いからだろうか、カンジャはどこで飲んでも本当においしい。ペドロの実家のものはしっかりした塩味で、スープ皿の底には丸い粒のミニパスタがたっぷりと入っていた。これひと皿で昼ご飯にちょうど良い量だが、これはメイン前のスープ。スープを飲み終わった人から、次々にバカリャウ・ア・ゼ・ド・ピポが配られる。せっかくのお料理を残したくないので「少なめに！」とお願いしたが、歓迎の意も込めてなのか、やっぱり大盛りがやってきた。

牛乳で煮たバカリャウはふっくら柔らかく、鱈独特の臭みが抜けて上品な味だ。そこに、牛乳でゆるめに溶かれたマッシュポテトがたっぷりと添えられている。おいしい。でもこの量は……。

結局なんとか平らげたが、マッシュポテトの多さに最後は目が白黒してしまった。しかしこれは前日の食事。明日は一体どうなるのだろうか。

食後はさらにもう1軒、お菓子が得意な親戚のティアおばさんの家を訪ねた。「ボーロ・デ・シーラ」（金糸瓜のケーキ）と「ボーロ・デ・ノーゼシュ」（くるみのケーキ）をつくっていた。シーラは日本で金糸瓜、または素麺《そうめん》カボチャと言われるもので、中の繊維が素麺のように細く長いウリ科カボチャ属の一種。ポルトガルでは、甘く煮てお菓子に使われることが非常に多い。材料も手順もひとつひとつ丁寧に教えてくれるティアおばさんのケーキは、素朴で素材の香りがいっぱい。もうちょっと欲しい、と思うぎりぎりの甘さ。どのケーキも、焼き上がったら1日おいて、生地をしっとり落ち着かせるのがコツだそうだ。

最後に近所で人気だというパン屋に寄って、奥の作業場を覗かせてもらった。この時期、パン屋はパォン・デ・ローづくりで大忙しだ。フォラール・ダ・パシュコア（復活祭の贈り物）という、パシュコアの時期に欠かせない、甘いコロンとした形のパンもたくさんつくっている。このパンはタマネギの皮で茶色く色づけした茹で卵が真ん中に飾られ、なんとも可愛らしい。

「卵は物事のはじまりを意味するから、復活祭の日には欠かせないんだよ」

とペドロが教えてくれた。パン屋の職人達は、熱い窯や大量のパン生地と汗だくで格闘しながら、

「忙しいのは有り難いことさ」

とみんな笑顔が絶えなかったのが印象的だった。

食べまくるパシュコア

いよいよパシュコア当日。朝10時、親戚一同が集まるペドロの実家のリビングはすっかり用意が整っていた。テーブルにはワインやケーキやお菓子がずらりと並べられ、樋口さんはワンピースを着て少しあらたまった雰囲気。準備万端整った彼女が話してくれた。

「こうやって、教会から〝コンパス〟が来るのを待つのよ。彼らにお祈りをしてもらうまでは、子供も大人も食事はお預けなの。子供達が玄関先に花を撒《ま》いているでしょう。あれもお迎えの準備」

外では子供達が大喜びでピンク色の花びらをたくさん撒いている。コンパスと呼ばれる、教会からの使者達を迎えるための飾り付けなのだ。

パシュコアの日には、町の商店はほとんどがお休みになる。通りには、パン屋から買ってきた大きなパォン・デ・ローを抱えて家に戻る人や、教会からやってくる使者を迎えるために家の前に花を撒く人など、みんな準備に大忙しだ。

コンパスの一団がやってきたのは昼過ぎだった。団長さんは、持ち手に美しい装飾が施された大きな銀の十字架を持っている。彼らをリビングに招き入れると、みんなでコンパスの周囲に集まって静かに団長のお祈りを聞き、それが終わると家族がひとりずつ十字架のキリストにキスをする。そして、ちょっとしたもてなしの時間がはじまるのだ。ワインを勧めたり、お菓子を勧めたり。

「昨年はね、使者のひとりが酔っぱらっちゃって大騒ぎして、それは面白かったの」

歓談の最中に、樋口さんがそっと教えてくれた。朝から何軒も廻ってその度にお酒を振る舞われるから、きっと出来上がっちゃう人もいるんだろう。去年のことを反省したのか、今年のコンパス達は足取りもしっかりと次の家に向かって行った。

コンパスが行ってしまうと、いよいよ待望の食事がはじまる。ペドロの親戚は子供も含めると20人以上にもなるので、数軒に分かれて食事を取る。私とペドロ一家は、昨日仔羊の仕込みを見学させてもらった親戚のお宅にお邪魔することになった。

玄関脇の小さなテーブルには、これまたパシュコアに欠かせない「アメンドゥア」と呼ばれるお菓子が数種類用意されている。アーモンドと砂糖、ココアパウダーなどを混ぜてつくったもので一見チョコレート菓子のようだが、食べてみるとガリッとした食感で香ばしく、砂糖菓子に近い。このお宅が毎年アメンドゥアを買っているという菓子店『ノブレーザ』は、そのほかの菓子やパンも人気が高いそうだ。

ダイニングテーブルには、大きな陶器の深皿に、こんがりと茶色く焼き上がった骨付き仔羊が食べやすく解体されて山盛りになっていた。そしてなんと、サーブ用のフォークが2本垂直に肉に突き刺さっている！　日本でこんなことしたら、縁起でもないと怒られそうだ。

仔羊の下には焼いた小振りのジャガイモがいっぱいに敷き詰めてあり、仔羊の焼き汁を吸ってイモがつやつやしている。つけ合わせには、珍しく真っ白いご飯が用意されていた。こちらの家では、仔羊には白いご飯というのが決まりのよう。ポルトガルでは、つけ合わせの米はオリーブオイルや塩、タマネギなどで味つけをしているものがほとんどだから白いご飯は珍しい。私も樋口さんも思わずにんまりしてしまった。

席に着くと、最初はカンジャから。スープは余分な脂をすべて取り除き、肉や肝などの具は一切なし。非常にさっぱりとしていて軽い塩味が飲みやすい。白いスープ皿の底に見える細長い種のような形のミニパスタは、すでにふにゃっと柔らかい。別の小皿には茹でた砂肝が盛られ、好みで加えるようになっている。砂肝好きの私は4ついただいた。こりこりした食感が嬉しい。

ちなみにポルトガルの会食に何度か参加して戸惑ったのは、食べるときの挨拶がないことだ。「めしあがれ」も「いただきます」もなく、気付くと銘々でいつの間にか食べはじめている。グラスを掲げての乾杯も、普段の食卓では滅多に見なかった。だからどうも食べはじめるタイミングを躊躇してしまう。

この日も会話で盛り上がるうちにいきなり食事がはじまったので、小さく「いただきます」とつぶやいて食事をはじめた。

山盛りの仔羊は、ひと晩マリネしたことで肉が柔らかくしっとり。旨みの浸みたジャガイモと白いご飯とを順々に食べていると、お腹いっぱいになるまで止まらなかった。

テーブルには、仔羊のほかにもサラダや昨日仕込んでいたパォン・ドース、チーズ、ワイン、菓子などが並び、2時頃はじまった食事は結局夜9時過ぎまで続いた。昼から晩まで食べ続ける伝統的なパシュコアの一日は、まるで日本の正月のようだった。

帰りの車内では5分と経たずに遊び疲れた子供達が眠りだし、樋口さんもペドロもほっとひと息。賑やかな一日の中で、つかの間の静寂が訪れた。窓の外には大きな月が出ていた。

ピニャオン——Pinhão

ポートワインの故郷へ

「アルト・ドウロの眺めは壮大だよ」

ワイン商のカルロスのそんなひと言を聞いて、ポートワインの故郷、アルト・

ドウロを訪ねることにした。

ドウロ地域の中心都市、レグア周辺からスペイン国境地帯までのドウロ川両岸の一帯は、アルト・ドウロ（アルトは高い、上流、奥にあるなどの意）と呼ばれる。この限定された地域で栽培されたブドウだけが、ポートワインを名乗ることができるのだ。

その理由は、特別な環境にある。

ポルトから向かってドウロの手前にそびえるマラン山脈が、大西洋から吹く湿った風を遮断し、極度に乾燥した気候を生む。ドウロ川上流に行くほど乾燥は激しくなる。また、川に向かって落ちるような急斜面の、シストと呼ばれる薄い板状の岩が割れてできた痩せた土壌は、ブドウにとって水分、栄養分ともにぎりぎり。夏には40度を超す猛暑や乾燥に耐え、ブドウの根は水を求め、シストの間をかいくぐりながら地下10メートル以上も深く根を張る。そうした過酷な環境でこそ、ブドウは逞しく育ち、じっくりと濃く熟していくのだ。

ポルトからピニャオンまで列車に乗った。この鉄道も、そもそもはアルト・ドウロで出来たワインを運ぶために敷かれたのだとか。都会のポルトを離れると建物の数は徐々に減り、いつの間にかのんびりとした緑の景色が広がりはじめる。内陸を走り抜ける車窓からは、名も知らぬ黄色や紫の小花など、思わぬところで鮮やかな色に出くわし気持ちが華やぐ。ポツリポツリと目にする民家の軒先には、必ずと言っていいほどオレンジやレモンの木が茂っている。ときどき、熟れた実が木の下に落ちてゴロゴロしているのだが、誰も気にしている気配がない。あの実、もったいないなぁ。列車を降りて残らず拾いに行きたくなってしまう。

小1時間ほどで列車は支流のタメガ川を渡り、いよいよポルトガル北部の主役ドウロ川沿いに出る。ここで景色は一変。悠々と流れる川、見渡す限りの山、その上に広がる高く青い空。さらに列車が上流に進むと、たっぷりと流れるドウロ川の左右両側には、傾斜のきつい山肌にパッチワーク状のブドウ畑がびっしりと張り付いている。ここが、アルト・ドウロなのだ。

逞しい風景、逞しいワイン

ポルトから約3時間。到着したピニャオンは、小さくて美しい駅だった。駅舎の壁を飾るアズレージョには、ブドウ摘みの風景などが青の濃淡で細かく描かれている。ホームに降り立つと、すぐそばの山々の斜面に広がる目前にブドウの段々畑が、迫る。駅の向こう側にはドウロ川がゆったりと流れている。駅からの景色は、眺めていて飽きることがない。

ピニャオンは、かつてはドウロ一帯でつくったワインを運び出す要所だった。列車やトラックが取って代わるまでは、ラベーロという帆船にワインの樽《たる》をのせ、ピニャオンの船着き場からドウロ川を下って河口のヴィラ・ノヴァ・デ・ガイアまで運んでいた。

「ここに住む人の多くは、今もなにかしらポートワインと関わって生活しているんだよ」

駅前で人待ち顔だったタクシー運転手がそう話す。彼のタクシーで、この地域を一望できるところまで案内してもらった。

山道を黙々と走ること数十分。小さな家々が肩寄せ合うように立っている集落の先に、展望台「カザル・デ・ロイボス」はあった。車を降りて展望スペースの端まで行くと、眼下にはうねりながら流れるドウロ川、そして川沿いの急勾配になった山肌には一面のブドウ畑。息を呑《の》むような眺めが広がる。真下の川沿いには、赤茶の屋根瓦が固まっているピニャオン村も小さく確認できる。

一緒に車を降りて景色を眺めているタクシーの運転手は、あの畑一帯はどこそこのブランドの一級畑、あっちは誰それのものでこっちは売り出し中だと、まるで自分の庭を説明するかのように詳しい。タクシー運転手の彼だけでなく、おそらくこの地域の人はみんな知っていることなのだろう。

文献によれば、ドウロ地域は紀元前からワインづくりが行われていたという。一番最初にこの急勾配の山の斜面を開墾した人々の犠牲は、どれほどだったのだろう。

初夏の5月ですら、この地域をじりじりと照りつける日差しは強烈で、写真を撮る自分の手の甲がほんの数分でひりひりしてくる。60度とも言われる急斜面で足場の定まりにくい土の上、炎天下での作業の過酷さは、経験した人でなければきっとわからない。でも、ここで生き抜くには、人もブドウも相当の根性がなければ無理だということは容易に想像できる。

ポートワインの深い味わいの正体は、そんな状況を乗り越えた逞しさであるように思えた。

ワインは調味料

ピニャオン駅前は静かだ。タクシーが数台並び、商店やレストラン、土産物屋などがポツポツと並んでいるだけ。

駅から歩いて5分とかからないところにある『ポント・グランデ』という宿屋兼レストランで食事をしたが、とくに気に入ったのが「ヴィーニャ・ダ・アーリョシュ」という料理。直訳すると〝ニンニクのブドウ園〟という意で、この地方の名物料理だという。たっぷりの赤ワインと、ニンニク、ピリピリ（唐辛子）に豚のあばら肉を2日間漬け込み、そのまま汁ごと煮ている。

店のキッチンを覗かせてもらうと、寸胴にたっぷり注がれた赤ワインの中で、ニンニクと豚肉がごろごろ泳いでいる。ワインがだし代わりというわけだ。すっかりブドウ色に煮込まれた豚肉は、余分な脂分が溶け出しあっさり味。ワインの風味、ニンニクの旨みと軽い塩味が、豚のおいしさを引き立てる。

同じニンニクと赤ワインの煮込みでも、ちょっと離れた並びにある『グランデ・ポント』という別のレストランでは、イノシシを使った「ジャヴァリ」が出てきた。赤ワインの旨みがじっくり浸み込んだ少し濃いめの味だが、肉は聞かないとイノシシだとわからないほどクセがなく、ホロホロと崩れるほどしっかり煮込まれていた。オリーブオイルで揚げたカリカリのポテトが添えられ、よく合う。

デザートにもワインを使った面白いものがあった。ざっくり軽めに焼いたスポンジケーキを、ポートワインたっぷりのシロップに浸した「ボーロ・デ・ボラシャオン」（酔っ払いケーキ）というピニャオン定番のケーキだ。ケーキはポートの香りと甘味を纏《まと》っていて、しっとりしている。

向こう隣のテーブルに座るおじさんは「アレトゥリア」（カッペリーニパスタのミルクシナモン煮）がお気に入りのようで、出てくるやいなや、ぺろりと平らげていた。ポルトガルの男性は甘い物好きが多いらしく、定食の最後に甘いデザートをたっぷり、という人をよく見かける。あんまりおいしそうに食べているのでカメラを向けると、照れながら写ってくれた。

ドウロ川のあっさり南蛮漬け

ポルトガルに長く住むファド歌手でライターの菅知子さんは、ポルトガルの食やワイン事情にとても詳しい。取材中わからないポルトガル語にあたったときも、何度も助けていただいた。そんな彼女に、アルト・ドウロのワイナリーを経営しているマリア・ド・セウさんを紹介してもらった。

朝10時ちょうど、待ち合わせた場所にマリアの4WDがゴゴゴッと滑り込んできた。車から降りてきた彼女は大柄で、第一印象は肝っ玉母さん。でも、話しだすとイメージを覆すような流暢《りゅうちょう》な英語で次から次へとワインの話が止まらない。しかも、時間に大雑把な人が多いポルトガルで、マリアはきっちり時間通りに現れた。これは驚きに値する出来事だ。ポルトガル版やり手の女将《おかみ》さんなのかもしれない。

早速、彼女のワイナリーに連れて行ってもらうことになった。小1時間ドウロ川沿いを走ったが、途中、川沿いの店で休憩がてらコーヒーを立ち飲みしていると、店の人が「揚げたてよ」と、ゴツゴツとゲンコツのような「パタニシュカシユ・デ・バカリャウ」（干し鱈のかき揚げ）をご馳走してくれた。これがなかなかのお味だった。干し鱈の旨みと塩味がちょうど良い。ほかにどんなものがあるのかと店のメニューを見ると「ペイシーニョス」（小魚）と書かれたメニューがある。味見させてもらったら、なんと揚げた小魚を赤ワインビネガーとローズマリー、オリーブオイルでマリネした、甘くないあっさりした南蛮漬けだった。思いも寄らないところで日本との繋《つな》がりに出会えて、ちょっと嬉しくなった。

〝南蛮〟と名の付く料理は、室町末期から江戸初期にかけて南蛮貿易が盛んだった時代、ポルトガルやスペインの南蛮人と呼ばれた人々がよく食べていた、唐辛子やネギを使った料理を指す。日本の〝南蛮漬け〟は、揚げた魚や肉を唐辛子やネギの入った合わせ酢に漬けるマリネ料理だ。ポルトガルでは、やはりよく似たものが「エスカベーシュ」という名で店に並んでいて、漬けるマリネ液には、唐辛子はもちろん、ニンニクやローレルなどが入っているものも多い。

嬉しくてちょっと興奮気味の私は、早速マリアに南蛮漬けとエスカベーシュの関係をあれこれ説明した。が、マリアはふむふむと話を聞いてくれたものの、大した反応はナシ。説明が下手だったのかもしれない。でもなあ。もうちょっと驚いてくれてもよさそうなものなのにと勝手に思ったが、彼女からすれば、なんだかピンとこない話だったのかもしれない。

コーヒーを飲み終わり、川のほとりまで下りてみると、数十メートル先の岸辺では、真っ黒に焼けたおじさんがのんびり釣りをしていた。あのおじさんも、釣った魚を南蛮漬けで食べるのかな。

アルト・ドウロのワイナリー

マリアのワイナリーは、傾斜の急なサブローザという地域にある。４ＷＤ車をガンガン走らせ山道を進むと、上に行くほど勾配の度合がきつく道も狭くなり、山肌にへばりつくかのようだ。慣れている彼女は結構なスピードを出して快調、ワイルドな運転のせいか、隣の私は上るにつれ緊張が増していく。

ワイナリーは、畑をぐるりと見渡せる素晴らしい場所にあった。山頂にある門をくぐりほっとしたのもつかの間、マリアは車の先端を山の斜面ぎりぎりまで覗かせ、崖下に突進するかのような勢いだ。

「えっ、どうするの？」

助手席の私は、車が崖から飛び出して宙に浮いたように感じて一瞬ヒヤリ。駐車するのに方向転換しただけだったのだが……。車を降り、改めて下を覗き込むとやはり足がすくむ。本当に、とんでもないところに畑があるもんだ。

「昔からの風景だから、これじゃなきゃブドウ畑って感じがしないわね」

恐る恐る覗き込む私の後ろで、マリアはいつも通りの様子だ。

マリアのワイナリーでつくっているのはポートワインではなくスティルワイン。いわゆる一般的なワインだ。ドウロ地域で生産されるワインは全体の4割が酒精強化するポートワイン、残り6割がいわゆる一般のワインで、ともにブドウの生産地や品種、栽培方法や醸造方法などを厳しく管理している原産地呼称統制（DOP）の認証を持つ。ドウロのワインは、しっかりと熟成したブドウの持つ力強い味わいや、香りの高さが人気だ。

「私達は、土地に合った独自のブドウ品種を長年大切にしてきたから、ほかの国のワインとは味わいも違うし、個性もはっきりしてるのよ」

ドウロ地方で使われるブドウの名前ははじめて聞くものばかり。「トゥリガナシオナル」や「ティンタ・ロリス」(スペインのテンプラリーニョと同一種で、イベリア半島の代表的なブドウ)などは、ポートでも、スティルワインでも使われる。これらポルトガル固有のブドウは、タンニンがしっかりしていて、濃くパンチのある赤ワインを生む。

「ポルトガルのワインは、今までは自分たちで楽しむのが主だったけれど、最近では世界的にも注目されるようになってきてるの。この間もオーストラリアやアメリカから取材が来たのよ。イギリスやフランスのワイン雑誌でも、ポルトガルのワインへの注目度は高まってるのよ」

段々畑のワイナリーを見つめるマリアの誇らしい顔は、凜々《りり》しさを備えた、まさにやり手の女将さんの顔だった。

完璧なコジード・ア・ポルトゲーザ

ポルトガルの安くておいしい全国的な定番メニューに「コジード・ア・ポルトゲーザ」(ポルトガル風具だくさんポトフ)がある。牛、豚、鶏肉などに豚足や豚耳、ショリッソ、モルセイラ（血入りの腸詰め）、ベーコン、ポルトガルキャベツ（葉が厚くて大きい、原種に近いキャベツ）、ジャガイモ、ニンジン、豆とキッチンにあるものすべてを煮込んだようなごった煮だ。

どこで食べても具はほぼ一緒なのだが、店によって味の差が激しい。塩加減はもちろんだが、一体何があんなに大きな味の差を生むのか、よくわからなかった。

マリアがワイナリー見学の帰りがけに連れて行ってくれた、ピニャオン駅から少し離れたレストラン『ポンテ・ロマーナ』で食べたコジードは、忘れられない味のひとつだ。各種肉、腸詰め、耳に足など、それぞれの味がしっかりしていて、塩加減はあっさり。肉類を煮たそのスープで野菜を煮るから、滋養に富んだ旨みたっぷりのスープが野菜に浸み込んでいる。ついつい肉より野菜に手が伸びる。さらにそのスープでつけ合わせの米を炊いていて、これがまただしのきいた深い味。

「コジードはどこの家庭でもよくつくるのよ。私もコジードは得意料理なの」

コジードを自分の皿に山盛りに取りながらマリアが話す。自分もつくるなら、マリアはきっとコツを知っているはずだ。

「マリア、コジードって同じ具材でもお店によって随分味に差があるけど、なんで？」

「そうねぇ」

ちょっと考えてすぐ答えが出た。

「一番肝心なのは、おいしいショリッツソね」

なるほど！　そうか、ショリッツソか。

「コジードにはいろんな肉の部位が入るけど、なによりショリッツソから出るだしがこの味を決めるのよ。日本にはショリッツソある？」

腸詰めはもちろんあるが、ポルトガルのものとは大分違う。ポルトガルのショリッツソは、味や香りに独特の野趣溢れるクセがある。豚の肉や脂にニンニクやタマネギ、ワインなどを加えたり、香辛料類もコロラウ、ピリピリ（唐辛子）の粉末を加えるなど、地域によってレシピもさまざまだ。燻《いぶ》して仕上げるものも多い。しかもアレンジを加えたものも無限にある。このドウロ地方以外にも、たとえば南のアレンテージョなどでも腸詰めづくりは盛んで、ポルトガルをあちこち廻って、前菜にその土地独特の腸詰めが出てこないのが稀《まれ》なぐらい、各地にいろんなレシピのある身近な加工食材だ。ちょうど日本の漬け物と同じくらいにバリエーションが豊富なのだ。

「日本ではどうつくるか知らないけど、ポルトガルにはいろんな種類があるのよ。ドウロ地域はとくにおいしくて有名だから、ほら、ここのコジードもおいしいでしょ」

味わい深いだしが出ていたのは、ショリッソのおかげだったのだ。

「ショリッソ以外の腸詰め、たとえば、このコジードに入っている『モルセイラ』は豚の新鮮な血を使うから、独特の風味と味になるの。『アリェイラ』には豚じゃなくて鶏肉やパンが入る。これにはストーリーがあるのよ。昔、内陸に隠れたユダヤ教徒が、自分たちをキリスト教徒であるとカモフラージュするために、偽物の腸詰めを考え出したわけ。だってほら、ユダヤ教徒は豚がだめでしょ。家に誰か来ても、暖炉の上にこのアリェイラを吊《つ》り下げておけば、見た目では豚の腸詰めとそっくりだから、豚の食べられるキリスト教徒だと信じてもらえるというわけ。こんがり焼くと、ねっとりした味わいが面白いのよ。ほかにも『ファリニェイラ』は小麦粉やトウモロコシ粉が入ってる。ショリッソの細長いものは『リングイッサ』っていうし、もう数えたらきりがないわね」

実は、私は日本で何度かコジードをつくってみたことがあった。市販の茹でた豚足を使ったり、似た感じの腸詰めを探してきてつくるのだが、出来上がりはどうも淡泊であっさりしたポトフになってしまっていた。一番肝心なポルトガルのショリッソが手に入らないから、味が決まらなかったのだ。私が日本でつくったあっさりポトフ、ドウロ育ちのマリアなら、「ナォン」とあっさり否定するだろうな。

レグア——Régua

森の奥の仔ヤギ料理

ドウロ地域の名物料理といえば「カブリット・アサード」(仔ヤギの石窯焼き)だ。結婚式の定番料理であると同時に、この辺のレストランでは昼の定食メニューにも並ぶほどポピュラー。しかし、ヤギだ。というのも、私はヤギというと、真っ先に沖縄のヤギ汁の強烈なニオイを思い出す。チーズが好きな人は、ヤギの乳を使った熟成チーズをイメージするとわかりやすい。結構なクセのある香りなのだ。だから仔ヤギと聞いても、仔豚のように聞いた瞬間からワクワクはできない。本当においしいの？　臭くないの？

どうせ食べるなら、おいしいと評判の店でチャレンジしたい。ドウロの食いしん坊達が勧める店が、ピニャオンから西に約20キロ、列車で4駅隣のレグアの森の中にあると聞き、訪ねてみた。

午後1時過ぎ。人気《ひとけ》のない静かな山中を車でどんどん進むと、やがて森の中にポツンと佇むレストラン『レペンティーナ』を発見。店の前には客のものと思われる車が数台並んでいる。辺りはしんと静か。ホントにこんなところがおいしいのかな。でも、入ってびっくり。奥の部屋は食事を楽しむ客の笑い声や話し声で大賑わい。平日なのに、昼からまるで宴会状態だ。

「うちのカブリットが人気なのは、生後1ヶ月の、まだ乳しか与えていない仔ヤギを石窯で焼くからさ」

にこやかでドンと大らかな体形のご主人、フェルナンドさんが説明してくれる。

「仔ヤギは、解体したらすぐ余分な脂肪をすべて取り除いて、ニンニクと唐辛子、白ワイン、コロラウ、オリーブオイルで下味をつけ、半日漬け込むんだ。それから石窯で1時間半から2時間じっくり焼くんだよ。乳だけで育っているから香りも優しいし、肉も柔らかなんだ」

石窯から出された焼きたて仔ヤギは骨付きのもも部分。同じ子供でも仔豚はころりと太っているが、仔ヤギは締まった体でシャープだ。ももは骨に肉がしっかりと添うように付いている。

下味の絡まった仔ヤギの石窯焼きはとても香ばしい香りだ。でも、食べてみるまでわからない。早速かぶりつく。柔らかくふっくらとした焼き上がり。しかも、仔ヤギはクセが全くない！　むしろ乳だけで育っているせいか、肉からはほんのり乳のいい香りがする。肉質も弾力があって……若さってすごい。仔ヤギってイケる！　大人のヤギとは、まるで違う動物のようだ。

さらに、仔ヤギの焼き汁を使った仔ヤギご飯がまた格別だ。

「ドウロ名物のサルピカォン、ショリッソ、仔ヤギの頭、足、つま先（！）、生ハムでスープを取ったら生の米を加えて煮て陶器の器に移し、さらに仔ヤギの焼き汁をかけて石窯で炊くんだ」

石窯で仕上げた米は、表面全体がパリッと、いわゆるおこげのような感じになっている。これはもう、お米大好き日本人にはたまらない。複雑なだしの旨みが浸み、さらに後からかけた焼き汁の香ばしさも加わっている。カブリットがおいしいからこそのサイドメニューだ。

さらにもうひとつ印象的だったのがサラダ。レタスとタマネギだけのシンプルなものだが、ビネガーが違うのか不思議なぐらいもりもり食べられる。フェルナンドさんに聞いてみると、やはりビネガーが自家製だった。

「こちらへどうぞ」

誘われて店の地下に下りると、大きなワイン樽でビネガーがつくられている。必要に応じて直接樽からボトルに注いで客に出すそうだ。

「ワインが自家製だから、残ったワインでついでにビネガーもつくってるんだ。ワインの香りも旨みもしっかり残っているから、味わいもほかのものとは違うはずだよ」

上質なワインを生み出すドウロ地域の自家製ビネガーは、仔ヤギと同じぐらい印象的だ。

「うちはオリーブ農家もやっていて、オリーブオイルも自家製。それにワインやパンや野菜、さっきの仔ヤギも、みんな親戚や知人がつくっているもので味は確かさ。だから誇りを持って出せるんだ」

自然と人とが無理なく共存する暮らし。本当の豊かさって、きっとこういうことを言うんだろうな。

アリジョー——Alijó

外国人も訪れる、小さな村のレストラン

素朴が取り柄のドウロ地方の村にも、外国人がわざわざ訪れる人気レストラン

がある。そのレストラン『セッパ・トルタ』（現在店名を変更し移転。２００７年にドウロ川沿いのフォルゴサに『ＤＯＣ』を、２０１０年にはポルトガル市内に『ＤＯＰ』をオープン。予約必須の人気店になっている）を、２日間だけ取材できることになった。

ブドウ畑に囲まれたアリジョーという小さな村は、ピニャオンから車で30分ほどのアルト・ドウロのど真ん中に位置する。アズレージョの美しい教会と古い噴水が村のシンボルだ。ワインで潤う村の中心地は整備が進んでいて、そのメイン通りの一画に、レストラン『セッパ・トルタ』はあった。

初日は土曜の夕方、開店前に店に着いた。ガラス張りの店内には、パリッとプレスされたクロスが掛かったテーブルが10卓ほど、グラスも皿も美しくセッティングされ、ピリッとした空気が漂う。現れたオーナーシェフのルイ・パウラは脂ののった39歳。小柄だがパワフル。情熱的でとても明るい人だ。

「なんでも聞いて。なんでも教えるからね」

気さくな人柄に加え、初対面の人もがっちりと捉えて放さない眼差《まなざ》しの強さが印象的。注目のオーナーシェフならではのパワーを感じた。ルイは、国から腕を認められた、ポルトガル若手シェフグループのメンバーでもあるという。ヨーロッパで行われる料理のコンペに参加したり、料理研究や普及、指導にも力を注いでいるのだそうだ。

早速キッチンを見せてもらった。女性料理人ふたりに、料理学校からのアシスタント研修生の男の子ふたり、お客のサービスに男女ひとりずつ。ボスを柱にしたきびきびしたスタッフの動きはまるで都会の店のよう。東京に戻ったかと錯覚するほどだった。狭いキッチン内は1組目の客が入ってから4時間、全く休む間もなくフル回転だ。研修生の男の子たちは、ひたすら刻んだり洗ったりしながら流れについていこうと必死だった。

ここの基本は、ドウロ地方をはじめとする北部の伝統的な料理。豚や仔ヤギ、牛、腸詰めなどの肉料理が多く、魚はバカリャウを使ったメニューが中心。季節に応じてメニューは変えているそうだ。

2日間の取材中は、朝の仕込みからランチ、ディナーの時間をまたぎ、閉店までずっと店でみんなと一緒に過ごした。キッチンはいつも慌ただしくて、写真を撮るのもひと苦労。出来たてをお客に出すのがこの店の決まりだから、キッチンから運び出す直前の皿を数秒で撮らなければいけなくて、結局うまく撮れなかった。ルイには本当に申し訳ない。でも料理についての質問は、食事時間にみんなと一緒に食べながらたっぷりできた。おまけに従業員専用の家の空きベッドを勧めてもらったので、遠慮なくそこに2晩泊まった。ほとんど住み込みのような面白い経験だった。

興味深かった料理をいくつか紹介。まず「ミーリョス」という料理。粗挽《あらび》きトウモロコシ粉のおかゆのようなものだ。赤ワイン、ニンニク、豚肉の入ったヴィーニャ・ダ・アーリョシュのスープでトウモロコシ粉を煮込んでいて、長芋をすったようなとろみのある食感。肉やワインの旨みがたっぷり。真ん中に血の腸詰めモルセイラのソテーがのっていて、この腸詰めの香りやコクが味にアクセントをつけている。

取材中オーダーがたくさん入って人気だったのが、北部名産のスモークハム・サルピカォンを揚げた「サルピカォン・フリット」。サルピカォンは、そのまま食べるほかは、味や香りを生かして煮込んだりすることが多いそうだが、ここではかりっとした衣揚げになっている。衣の中で、燻製特有の味と香りが凝縮されていた。

「ミーガシュ・デ・アリェイラ」は、鶏肉とパンで出来た、むっちりした腸詰めアリェイラが主役。小さく切り、ちぎったパンやニンニク、タマネギ、オリーブ、豚肉などを加えて煮込んだ一品だ。アリェイラの燻製香やオリーブの酸味が混ざった複雑な味で、アリェイラをよく知るこの地域ならではの料理。

そして、看板料理のひとつでもある「カブリット・アサード」。ここの店では、皮がパリッと、中がふっくら焼けた仔ヤギ肉の脇に「ミウードシュ」が添えられていた。ミウードシュとは、仔ヤギの肝臓や心臓、肺を刻み、オリーブオイルとニンニク、白ワインでマリネしてさっと炒めたもの。角切りのフライドポテトと和《あ》えて出すので、ミウードシュの旨みを吸ったジャガイモもおいしい。仔ヤギを余すところなく味わえるひと皿は、ひっきりなしにオーダーが入っていた。

どの料理も、この地方独特の食材と調理法は生かしたまま、塩加減や香辛料などの味のバランスを、現代人に合わせて考えられていた。ほどよいクセと、優しい味つけ。盛りつけも、はじめてポルトガル料理を食べる人にも馴染みやすい量や形で出されている。こうした気遣いが、遠方からの客を惹《ひ》きつける魅力のように思えた。

最後の客が帰り、キッチンの大掃除を済ませると夜中の12時。スタッフは三々五々自分の家に帰っていく。帰りがけに、シェフのルイと私で村の小さなバーに出掛けた。

ルイは和食にも興味があるようだ。

「スシは食べたことがある。刺身も知ってるよ。日本人のあの魚を扱う技術はすごいね」

都会のリスボンやポルトではここ数年スシが流行っていて、私が日本人だとわかると「スシは旨い」と言われることが多い。私自身、ポルトガルのスシ屋に入ったことがないからわからないが、ポルトガル在住の日本人の方々が言うには、店によってはなかなかの味だそうだ。でも一度、リスボンでホテルマンをしているというポルトガル人男性から「イチゴジャムを巻いたスシが旨かった」と聞いて、それは違うと必死になって説明したことがあったなぁ。ルイがちゃんとしたスシを食べてくれたのか心配だったが、聞いてみると、どうやらマグロなどのまともな魚のスシを食べていたようで安心した。

今度はルイが「ポルトガル料理をどう思う？」と聞いてきた。

「まず素朴さが好き。腸詰めみたいな昔からの食材を使った料理は地方の特徴が出ていて楽しいし、米や魚を使う料理も多いから、日本人にとっては馴染みやすいの。1人前の量は多いけどね」

「確かに、ポルトガル料理は量が多くてちょっと垢抜けない雰囲気がある。昔は塩加減もかなり強かったし、腸詰めを使った料理も、食べきれないほどたっぷり腸詰めを使っていたりね。でも、時代に合った味のバランスがあると思うんだ。僕は素材やつくり方はあまり変えずに、ポルトガルの料理をもっと洒落《しゃれ》た雰囲気で出せるといいかなと思っているんだ。日本では受けるかな、ポルトガル料理」

「日本には、もうポルトガル料理の店はいくつかあるのよ。東京だけでも5軒以上あるし」

それを聞いたルイは目を見開いて驚いていた。「食材の調達はどうしてるの？」「誰がつくってるの？」「店は人気なの？」と質問が矢のように飛んできた。

「実はもうすぐドウロ川沿いに、ガラス張りのお洒落な2軒目をオープンする予定なんだ」

もしかして、3軒目は東京で、なんて考えていたりして。

マヌエル シュラスケリア
住所　東京都港区高輪2-3-22-101
電話　03-3443-5002
肉や魚の炭火焼き専門店「シュラスケリア」。夏なら自家製ピーマンペーストに漬け込んだ「若鶏の炭火焼き」と、ヴィーニョ・ヴェルデを。

ヴィラノヴァ
住所　東京都港区西麻布2-24-17 ポケットパークビル1F
電話　03-6427-7544
アルガルヴェ地方の名物鍋料理「カタプラーナ」が人気。上下ぴったり閉まる銅製の鍋で、たっぷりの魚介類や肉をふっくら蒸し煮に。ヴィンテージのマディラワインも楽しめる。

ヴィラモウラ銀座本店
住所　東京都中央区銀座6-2-3 ダイワ銀座アネックスB1F
電話　03-5537-3513
魚介や豚肉の「カタプラーナ」を中心に、定番料理が気軽に楽しめる。ポルトガルワインも常時約80種類以上が揃う。

大阪

ポルトガリア
住所　大阪市北区西天満4-12-11 プラザ梅新別館1F
電話　06-6362-6668
ポルトガル人シェフのクララさんが残した家庭料理のオリジナルレシピを守る、アットホームな大阪のポルトガル料理店の老舗。

リジュボア・タシュカ・ポルトゲーザ 本町
住所　大阪府大阪市中央区本町4-8-8 篠福ビル1F
電話　06-7494-9592
ポルトガル人シェフと日本人マダムが仲良く営む、大阪で評判のポルトガル料理店。つまむだけでもお腹を満たすにも、臨機応変に対応するタシュカ（居酒屋）。

日本で会えるポルトガルの味

旅行する時間はないけれど、ポルトガルを味わいたい、
行った気分に浸りたい！　そんな人は、まずは日本にある、
こんなお店を訪ねても。

レストラン

東京

クリスチアノ
住所　東京都渋谷区富ヶ谷1-51-10
電話　03-5790-0909
レシピ研究に熱心な佐藤幸二シェフ率いる、東京でいま最も熱い大人気ポルトガル料理店。姉妹店「ナタ・デ・クリスチアノ」のパステル・デ・ナタ（卵タルト）は、現地よりおいしいと評判。

マヌエル コジーニャ・ポルトゲーザ
住所　東京都渋谷区松濤1-25-6 1F
電話　03-5738-0125
東京のポルトガル料理店の草分け的存在。こぢんまりした温かい雰囲気は、リスボンの街角にある小さな食堂のよう。伝統的な家庭料理が楽しめる。

マヌエル カーザ・デ・ファド
住所　東京都千代田区六番町11-7 B1F
電話　03-5276-2432
青と白の美しいアズレージョに彩られたドラマティックな店内では、ポルトガルの伝統歌謡「ファド」のライブが不定期で行われている。

ミーニョ地方

緑、緑、緑。ポルトガル最北端のミーニョ地方は、景色も食べ物も緑（ヴェルデ）で溢れている。大西洋沿いを走る緑の海岸「コスタ・ヴェルデ」に、ケールたっぷりの緑のスープ「カルド・ヴェルデ」、微発泡が爽やかな緑のワイン「ヴィーニョ・ヴェルデ」。年間を通して雨量が多く湿潤で、夏は涼しく冬も比較的温暖なこの地には、緑濃い森や、キャベツ、トウモロコシ、ジャガイモなどの野菜畑、ブドウ畑などがあちこちに広がっている。草木がよく茂る、実り多い〝緑〟の土地なのだ。

アフィーフェ——Afife

緑のスープ

ポルトガルにはスープがいろいろあるけれど、私にとっての〝ポルトガル3大スープ〟は次の3つ。

ひとつは、鶏1羽煮込んだ「カンジャ」。鶏の旨みたっぷり、皿に沈むつぶつぶパスタも楽しみ。

それから、この後のアレンテージョ地方の章で紹介する、コリアンダーとニンニクとパンのスープ「アソルダ・アレンテジャーナ」。そして、ここミーニョの郷土料理「カルド・ヴェルデ」だ。

カルド・ヴェルデは直訳すれば緑のスープ。ポルトガル全土に広がっている国民的スープだ。

コーヴ・ガレガの葉を刻み、ジャガイモとタマネギのポタージュにたっぷり入れて煮込んだもので、味つけは基本的に野菜から出るだしと塩だけ。緑のスープという名は、このコーヴ・ガレガの濃い緑の葉の色からきている。カルド・ヴェルデをスプーンでひとすくいすると、千切りの葉がたっぷりと、麺のように絡みついてくる。

北部の村などを散歩していると、コーヴ・ガレガは空き地や家の軒先にぴょんぴょん生えていて、そのちょっと間の抜けた様子が面白い。球にならないキャベツだから、葉は外側向きに反って育つ。数枚育つ度に人間に摘まれ、裸になったワサビのような太い茎だけがひょろりと成長する（ちなみにワサビもケールもアブラナ科の植物）。茎の上部に葉が生えるとまた摘まれる。これを繰り返すうちに、茎はにょきにょきと1メートル、あるいはそれ以上にも伸びるのだ。

コーヴ・ガレガとジャガイモとタマネギ、材料はたったこれだけなのに、カルド・ヴェルデはとても滋味深く、何度飲んでも飽きない。スライスしたショリッソを1枚浮かべ、フレッシュなオリーブオイルをほんの少したらすと、野菜のほのかな甘さが際立ち、素朴なご馳走になる。

日本でこのスープをつくるときは、コーヴ・ガレガの代わりにキャベツの青々した硬い外葉を使うと、なんとなく似たような味わいになる。ついつい捨ててしまう硬い外葉が主役の、本当に庶民的なスープなのだ。

緑のワイン

ミーニョ地方のワインといえば、緑のワイン「ヴィーニョ・ヴェルデ」。最初の章の港町セトゥーバルでイワシの塩焼きと組み合わせて紹介した、黄緑色のシュワシュワとした微発泡の白ワインがこれだ。赤やロゼもあるが、白が多い。10%前後の低いアルコール度数とシャープな酸味の爽やかな飲み口だから、夏ならキンキンに冷やし、ビール代わりにグイグイいける。

アヴェイロのマヌエルに、ヴィーニョ・ヴェルデのワイナリーのオーナーを紹介してもらった。現れたクレメンティーナ・アラウージョ、通称ティナは、まだ30歳を過ぎたばかりの若くて小柄な女性だった。先祖代々受け継がれてきた畑を守りつつ、小学生の子供を育てる母でもある。忙しい合間を縫って、彼女が車でぐるりとミーニョ川近くの丘陵地帯を案内してくれた。

ゆるやかな緑の丘の谷間を、道がくねくねと走っている。丘には野菜などの畑に交じって、所々にブドウ畑が広がっていた。

「この辺は土地がゆるやかにでこぼこしてるから、ほら、畑は比較的コンパクトでしょ。夏涼しいのと、花崗岩《かこうがん》が主で水はけが良いから、ブドウの糖度は低めで酸が強め。だからワインも爽やかな酸味やフレッシュな香りが持ち味なのよ。基本的にはつくって新鮮なうちにすぐ飲む若いタイプのワインね。昔ながらのヴィーニョ・ヴェルデは、ワインが瓶内で自然発酵するときのガスが溶け込んで、ピリピリした微発泡の飲み口になるの」

以前はミーニョ地方を中心に国内でのみ消費されていたヴィーニョ・ヴェルデだが、この爽やかな飲み口が人気となり、銘柄も100種類以上に増え、輸出も少しずつ増えてきているそうだ。ただし、新鮮さがウリなだけに輸送に向かないものも多く、産地で飲むのが一番とも言われている。

「あってもね、発泡しないのもあるのよ。ヴィーニョ・ヴェルデはDOP（原産地呼称統制ワイン）で、ブドウ品種や生産地は決められているけれど、発泡するしないは関係ないのよ。ブドウの持つ新鮮な香りをシャープに生かしたい場合は、むしろ瓶内発酵させない方がいいの。うちのワインもアルバリーニョっていう高品質な白ブドウ100％でつくっていて、その香りを生かしたいから瓶内発酵はさせないのよ。仕上がりは微発泡のヴィーニョ・ヴェルデよりもエレガントかな。最近では、こういうタイプの人気も高まってるのよね」

実際ティナのつくったワインを飲んでみると、発泡はない代わりにブドウの香りがぐっと引き出され、とてもフルーティーで、上品な飲み口のおいしい白ワインだった。でも、でも、私はやっぱり、ヴィーニョ・ヴェルデにはぜひシュワッと発泡していて欲しい。単純かもしれないが、旅人の私にはやはりシュワッ、が大切なのだ。

ちなみに国境のミーニョ川を挟んだ北隣、スペイン・ガリシア地方のリアス・バイシャス地域でも同じブドウを使ったワインを飲むことができるそうだが、生産者に聞くと、「あっちとこっちじゃ製法も味わいも違う」らしい。へえ、一度飲み比べてみたいなあ。

鴨ご飯

「アローシュ・デ・パト」。鴨肉を焼いたり煮たりしただしで米を炊き、そこにほぐした鴨肉を混ぜ込みショリッソなどのスライスをのせ、オーブンや石窯に入れて米の上面をパリッと香ばしく焼いた鴨ご飯。ポルトガルの米料理の中でも、やみつきになった料理のひとつだ。とくに忘れられないのが、アフィーフェの『アズ・ダ・キンタ』のものだった。

ミーニョの中心都市のひとつであるヴィアナ・ド・カステロから、さらに緑の海岸コスタ・ヴェルデを車で北上すること約15分。のどかな海岸沿いの田舎町アフィーフェに、ルシア・ラモスとルイス夫婦のレストラン『アズ・ダ・キンタ』(現在は閉店)がある。車であと10分も北上すれば、スペインとの国境ミーニョ川だ。地元の人に愛されているこのレストランで、シェフのルシアに料理を教わった。

ルシアには、料理学校に通う息子と小学生の娘がいる。朝は母、昼はシェフ、夕方は学校帰りの娘を迎えて母に戻り、夜はまたシェフ。ポルトガル女性はよく働くと聞くが、ルシアもまた一日中フル稼働していた。よく働き、よく笑い、よく食べ、よく話す人気者のルシア。食事をしに来たお客の多くがキッチンのルシアに声をかけ、ときには楽しそうに長話をしていたのが印象的だった。

さて、ルシアの鴨ご飯は朝の仕込みからじっくり手間がかかっていた。

まず、鴨肉をラードで揚げる。

「ポルトガル料理はラードをよく使うの。自分で仕入れた豚の脂で自家製ラードをつくるのが基本よ」

ルシアがそう話すそばで、近所に住む助手のローザがラードづくりを見せてくれた。豚の背脂の塊を、水を張った大きな鍋に入れ数時間じっくり煮るという。

「えっ、煮るの？」

驚いた。

「いきなり脂の塊を鍋で熱するとすぐ焦げるけど、水を入れておけば大丈夫。それにそのうち蒸発するでしょ、だから最初に必ず水を入れるのよ」

ローザは慣れた手つきで鍋を火にかけ、その間は別の料理の下ごしらえに取り掛かる。しばらく煮てラードがすっかり溶けたらそのまま冷まし、数時間して白く固まったものをすくい取るのだ。

「この自家製ラードで鴨肉を揚げるとコクが出るの。ラードはよく使うから、週に一度はつくるのよ」

ルシアは、あらかじめ用意してあったラードで鴨肉を揚げた。次はこれを煮込む。

「タマネギ、ニンジン、ベーコン、ショリッツソ、赤ワイン、イタリアンパセリと一緒に2時間ぐらい煮込めば、鴨のだしがきいたおいしいスープができるの。火を止めて、そのまま鴨肉を数時間スープに浸したら、夕方頃取り出して骨から肉をはずして細かくほぐす。下準備はそこまでよ」

夕方過ぎ、再びキッチンを覗くと、ローザがスープに浸していた鴨肉を取り出して骨から肉をはずし、さらに細かくほぐしていた。

「ちょっと食べてみる？　これだけでもかなりおいしいのよ」

陽気なローザが味見させてくれた。旨い！「ワインが進みそう」と言うと、

「ビールでもいけるわよ」と、ローザはいたずらっぽい目で答えた。

ほぐし終わってやっと準備完了、もう夜の開店時間だ。あとはオーダーが入ったら鴨肉のスープで米を煮て、そこにほぐした鴨肉を混ぜて器に盛り、上に鴨肉

やショリッソを並べて溶き卵少々を回しかけ、オーブンでこんがりと焼くのだ。

「溶き卵の蓋のおかげで上面はパリッとするし、下のご飯はふっくら仕上がるのよ」

開店後、早速アローシュ・デ・パトのオーダーが入り、ふたりは準備に取り掛かる。間もなく、ルシアがオーブンからパリパリに焼き上がった鴨ご飯を取り出した。まだ上面のパチパチと焼ける音が聞こえてきそうなその熱々の皿を、夫のルイスが嬉しそうに、いそいそとお客のテーブルに運んでいった。

ルシアのレシピ

シェフ・ルシアの料理はミーニョ地方の伝統料理が中心。近所に宿をとりながら店に通った約1週間の間に、いろいろなレシピを教わった。中でも印象的だったのが次の4皿だった。
①「マッサ・デ・ガンバシュ」（エビとパンの魚介スープ煮）
「魚介類の料理のベースには、特製のカルド（スープ）をよく使うの。エビの頭

や魚にポロネギ、タマネギ、ニンジン、イタリアンパセリを加えてじっくり煮込むと、ほら、こんな感じ」

鍋の蓋を開けると、煮込まれた茶色っぽいスープはなんとも言えない良い香りがする。

「頭を取ったエビにタマネギ、ちぎって水で柔らかくしたパン、トマト、ピーマンを炒めて、カルドをたっぷり加えながらじっくり煮れば、出来上がり」

うまみをたっぷり吸ったとろとろのパンとエビがいいコンビ。店のメニューには、パンの代わりに白インゲンマメを入れてつくるバージョンもある。
②「ポルヴォ・ア・ラガレイロ」(タコのオリーブオイル煮)
「タコはこの辺りでもよく食べるんだけど、この料理は代表的なもののひとつね。茹でたタコ足をニンニクとたっぷりのオリーブオイルに浸したら、オーブンで約1時間じっくり加熱するの」

ふっくら仕上がったタコは驚くほど柔らかく、ニンニクの風味も上品、あっさりした塩味だ。
③「バカリャウ・コン・ブロア」(干し鱈ソテーのブロアとタマネギソースが

け)

「ブロア(トウモロコシ粉を使ったパン)を使うのが北部らしさかもね」

牛乳で煮て柔らかくした干し鱈の厚い切り身をソテーし、細かく崩したブロアにニンニク、イタリアンパセリ、コロラウを混ぜたものをソテーにかぶせ、さらにたっぷりのタマネギとニンニクをオリーブオイルで炒めてその上にかけ、オーブンで焼く。甘いタマネギとニンニクやイタリアンパセリのきいたカリカリのブロアが、柔らかい干し鱈とよく合う。シンプルなソテーやグリルとはひと味違った干し鱈料理だ。

④「アローシュ・デ・グレロシュ・コン・ショリッソ」(リゾット風菜花ご飯、ショリッソのせ)

ちなみにこの料理は店のメニューにはない。常連にこっそり出す裏メニューでもない。ルシアが暇を見つけて教えてくれたおふくろの味だ。

「これは郷土料理っていうより、うちのまかないの定番よ。簡単でおいしいの」

タマネギ、ベーコン、米、茹でたグレロシュ(菜花の一種)をラードとオリーブオイルで炒め、全体に味が馴染んだらショリッソ・デ・サングとアリェイラをまるごと1本ずつ加え、チキンスープで炊く。菜花やショリッソ、アリェイラの旨みが米にたっぷり浸みている。米料理だったからかもしれないが、私はすっかり気に入ってしまった。

「ルシア、私これ好き。東京に帰ったら早速つくってみるよ」

そう言って食べているとルシアが、

「やだサヨォーリ、東京に帰ってこれをポルトガル料理だなんて言わないでよ。簡単すぎて恥ずかしい」

と照れ笑いしていた。

東京に戻ってからは、ショリッソがないのでソーセージと菜花でつくった。これはこれでおいしかった。でもやっぱり、あのショリッソの旨みとは全く違うのだった。

アローシュ・ドースの女王

店は夜と週末が混む反面、平日の昼はのんびりだ。午前中の仕込みもゆったりムード、普段はルシアとローザが冗談を交わしながら進めている。ふたりは暇を見つけては私にいろいろな料理を教えてくれたのだが、最も厨房《ちゅうぼう》が盛り上がったのは、ルシアの叔母《おば》の88歳になるマリリアおばあちゃんが、アローシュ・ドースを教えてくれたときだった。

アローシュ・ドースは、直訳すれば甘い米、要するに米のミルク煮のようなデザートだ。ポルトガルでは全国各地でつくられ、卵黄を加えたカスタードクリーム煮のようなバージョンもある。マリリアおばあちゃんの教えてくれたレシピは、米と砂糖と牛乳にレモンの皮だけでつくる、いたって素朴なレシピ。

おはようの挨拶もそこそこに、隣の家に住むマリリアおばあちゃんがゆっくり厨房に入ってくる。

「あんた日本人かい？」

「そうです」

それきり、マリリアおばあちゃんは料理にかかりっきりになる。大きな鍋に湯を沸かし、レモンの皮をむいてポンと入れる。沸騰したら生米と塩少々を加え中火で煮て、米に火が通ってきたら牛乳を少しずつ加え、煮立たせないように注意しながら大きなヘラで一方向に混ぜはじめる。

「どのくらい煮るんですか？」

「まだまだよ、まだまだ」

鍋の中身がとろりとお粥《かゆ》状になったらレモンの皮を取り出し、砂糖を加え、ごく弱火にしたら、ヘラでさらに混ぜ続ける。マリリアおばあちゃんは鍋から片時も離れない。

「まだまだ？」

「まだまだ」

気が付くと、もうかれこれ1時間は混ぜている。砂糖を加えてからは鍋の中も一層重くなり、ヘラで混ぜるのにも力がいる。と、ある瞬間、マリリアおばあちゃんがルシアに何か言うと、ルシアは小皿をズラリとキッチンの作業台に並べだした。今がまさに理想のタイミングのよう。鍋を火から下ろすと、手早く中身をすくっては皿に盛り、皿を左右に揺すって平らにならす。次々と置かれる皿にルシアがシナモンパウダーで模様を描き、アローシュ・ドースが完成していく。

すべて盛りつけ終わったが、ここからが大盛り上がりだった。今まで寡黙だったマリリアおばあちゃんが、おもむろにスプーンを取り出した。嬉しそうにニコニコ鍋を覗いている。真顔だったさっきまでのおばあちゃんがまるで別人のよう。そして、鍋底の方の、ちょっと固まりかけた残りをすくいながら、大はしゃぎで食べはじめた。完成した皿には目もくれず、結局彼女は最後まで、鍋の残りのアローシュ・ドースをおいしそうにすくって食べていた。

「あなたも食べてご覧なさい、ほら」

鍋からすくった出来たてはまだとろりと温かく、牛乳風味の優しい甘さだ。あんなに長い時間煮ていたのに、米粒の食感もちゃんと残っている。そして鍋底にくっついている残りは、ちょっとだけもっちりしていた。なるほど、このもっちりが、マリリアおばあちゃんのお気に入りの味だったんだ。

そういえば、こういうのってなんだか覚えがある。ご飯のおこげとか、海苔巻きの切れっ端部分とか、そういう余った部分のおいしさだ。

〝お余りのおいしさ〟はどこのキッチンにもある、つくった人だけが味わえる密かな楽しみなのだ。

ヴィアナ・ド・カステロ——Viana do Castelo

ベルリンのケーキ

アフィーフェのルシアの店が休みの日に、隣の美しい町ヴィアナ・ド・カステロを訪ねた。

ヴィアナは、真夏の8月に開かれるロマリア祭で有名だ。可愛い民族衣装を着て踊る人々が通りに溢《あふ》れ、町は観光客で賑わうという。でも、まだ肌寒い春のヴィアナはひっそりと静か。石畳の道、古い教会、人も建物も控えめな雰囲気だ。ところが、ふらりと裏通りに入ると目を引くアズレージョに出くわすことが多い。土産物店のウィンドウもカラフルだ。これはヴィアナ特産の、可愛らしい刺繡《ししゅう》の施されたハンカチやクロスのせいだろう。全体は落ち着いているが決して地味ではない。どこか品を感じる町なのだ。

まずは高いところからヴィアナを一望したい。車で15分ほど、サンタ・ルジア山の頂上にあるサンタ・ルジア教会へ向かった。

教会には展望台があると聞いて探していると、脇に小さなエレベーターがあった。動くのか怪しいほど古い。近寄るとどこからかエレベーター係のおじさんが現れて、往復1ユーロだと言う。お金を払うと、おじさんも一緒に狭いエレベーターへ。手動操作で、ゆっくりとほんの数メートルだけ昇った。

展望台からの眺めは想像以上に美しかった。リマ川は内陸部に広がる緑深い上流域からヴィアナの町を横切り、大西洋に流れ込んでいる。ヴィアナはその河口に開けた町なのだということがよくわかる。悠々と広がる大西洋の水面はところどころ銀色に輝き、その上には青空が広がり、海も空も果てしない。この先にきっと何かがあるのでは、といやでも想像力をかき立てられる。大航海時代に旅立ったポルトガルの人々も、ヨーロッパの最西端の国だからこそこの景色をいつも目《ま》の当たりにし、新たな大陸発見への野望や期待が大きく膨らんでいったのだろう。そう感じた。

それにしても寒い。春の山頂はまだまだ風が冷たい。慌てておんぼろエレベーターで降り、教会の近くのカフェで、「ガラォン」と呼ばれる温かいミルクコーヒーを飲んだ。町まで降りるケーブルカーは今日に限って運休だ。仕方なくタクシーを呼んで町まで降りることにした。

さあ、お昼ご飯だ。タクシーの運転手お薦めの『ラランジェイラ』という店は、昼から照明を抑えていてちょっと洒落た雰囲気だった。どのお客も、食事と会話の真っ最中で賑やかだ。早速ひとり用の席をつくってもらい、メニューを見る。すべてメイア・ドーズ（半人前）で頼むことにした。

どこのレストランでも、大抵は最初に「コウヴェール」というセットが出される。これは、イワシやマグロなどのパテ、チーズ、オリーブ、ときには干し鱈のコロッケなどのつまみも一緒になったもの。有料だから食べたくなければ下げてもらえばいいが、この店のコウヴェールはつまみ類が凝っていた。

まず、トウモロコシ粉のパンをカリッと揚げたブロア・フリッタ。自然の甘みが後を引く。それから魚介のスープとパンをトロリと煮込んだ「アソルダ・デ・マリシュコシュ」。ほかにも小イカの足だけをオリーブオイルでさっと炒めたものや肉厚ピーマンのマリネなど、これだけで十分定食になるほどの量だ。しまった、すでにいろいろと頼んでしまっている。コウヴェールを全部平らげてしまうと肝心の料理が入らなくなるので、適当なところで泣く泣く切り上げた。

スープは2つ頼んでいた。北部の郷土料理「パッパス・デ・サラブーリョ」(豚の血と内臓、肉のスープ)と「ソッパ・デ・レグーメシュ」(野菜のスープ)。

「パッパスはすごく濃くってクセが強いけど、大丈夫？」

サービスの女性が心配そうに皿を持ってきてくれた。パッパスは豚の血をベースに豚肉やレバー、耳、心臓、鶏肉などをすべてミンチ状にし、小麦粉を加えて煮込んだ焦げ茶色のスープだ。ドロドロの濃厚さに驚いたが、クセというよりはコクが強く、クミンがたっぷりきいていてスパイシーなので結構飲めてしまう。とはいえ、半人前でちょうど良いボリュームだった。

野菜のスープはその正反対で、ざくぎり野菜の旨みとほんのり塩味だけの軽いもの。先ほどの女性が、

「これは、別名おばあちゃんのスープっていうのよ。体に優しいから、私も家でよくつくるわ」

と教えてくれた。確かに、体が弱っているときは、私もこっちのスープを飲みたいな。

次に「バカリャウ・ア・ゴメス・デ・サ」(茹でジャガイモと炒めタマネギの干し鱈和え)、さらに北部の郷土料理「ロジョンイシュ」が出てきた。明らかにこれはちょっと頼みすぎ。

バカリャウ・ア・ゴメス・デ・サは定番料理だが、ここのものは塩気が強めでご飯とよく合った。

ロジョンイシュは、色んな肉のごった揚げという感じ。ワインやニンニクで下味をつけた角切りの豚肉やレバー、ムニュッとした食感のファリニェイラ、ショリッソ・デ・サング、さらには、この地方独特のぼんやりした味の練り物「ビッカ」(豚の血とトウモロコシ粉、小麦粉、ニンニクなどを練り上げたもの)などをラードで揚げたものだ。具のひとつひとつをしげしげと眺めては、味を確かめつつ食べた。

おいしくて居心地の良いレストランだったが、もうここでお腹がいっぱい。コーヒーも飲めないほどだ。デザートは、少し散歩してからカフェでとることにした。

しばらく歩くと、アゴニア教会前の広場とその周辺では市が開かれていた。テントには食料品、洋服類、日用雑貨、食器類、電化製品、家具などあらゆるものが並べられ、まるで小さなデパートのよう。

市場をぐるりと見て歩いた後は、人気の少ないリマ川の方へ向かった。川沿いの通りに軒を連ねる家々は、アズレージョがカラフルで見ていて楽しい。この辺りは漁師の家が多いだろうか。入り口が小さめで路地も狭く下町の雰囲気だ。ときおり犬や猫がひょこひょこと道を横切り、壁際でおじいさんがひなたぼっこをしている。角の素っ気ないカフェでは、男衆がビールを片手になにやら大声で話をしている。さらに歩くと、刺繍を施したリネン類を扱う土産物屋が何軒か並んでいた。

ヴィアナの女性がつくる手刺繍のハンカチには、赤や黄、オレンジやピンク、青、緑など色糸を変えながら、一語ずつ愛のメッセージが刺繍されている。愛の告白をするときに、女性が男性に渡すそうだ。色合いや刺繍のデザインがまるで絵本のように可愛らしい。見とれていると、お店の女性がさまざまな商品を見せてくれた。悩んだ末、刺繍が施された小さな可愛い箱をいくつか買うことにした。さらに歩いていると、いつの間にか町を大きくぐるりと一回りしていた。歩き疲れたのでカフェに入った。

カフェ『ナタ―リオ』は2つに分かれていて、ショーケースのある狭いスペースはテイクアウトが中心。買った菓子は隣のカフェで食べることもできる。黄色い卵黄クリームを使った菓子がいくつも並んでいるが、私はショーケースのトレーの上に並んでいた自家製のカスタードクリーム入り揚げパン「ボーラ・デ・ベルリン」（ベルリンのケーキ）をひとつとコーヒーを注文し、空いている席を探した。

夕方のカフェは大混雑だ。家族連れや学生、おじいちゃん、おばあちゃんとほぼ満席状態。なんとか席を見つけて座ると、しばらくしてシナモンシュガーをたっぷりまぶした揚げクリームパンとコーヒーがやってきた。ふっくらした丸い生地。ちょっと甘いクリームが溢れんばかりに詰まっていて、歩き疲れた私にはぴったりだった。

それにしてもなんでこれがベルリンという名前なのかが不思議で、アフィーフェに帰ってルシアやみんなに聞いたけれど、「知らない」「ベルリンはベルリンなのよ」と、結局よくわからないままだった。なんでだろう。

アレンテージョ地方

「テージョ川の彼方」という意を持つ南の地・アレンテージョ。広大なこの地は国土の約3分の1を占める。ポルトガルの領地となる以前、8世紀初頭から13世紀半ばまではイスラム教徒が征服していた。彼らが残したイスラムの影響は言葉から料理まで幅広く、現在でもアレンテージョの文化の大きな要素となっている。北から南へと領土を広げたポルトガル人にとって、その名の通りテージョ川の遥か彼方に広がるこの土地は、異国にも似た違った何かを感じさせる場所だったのかもしれない。

モーラ——Mora

3色の地アレンテージョ

リスボンから、テージョ川にかかるヴァスコ・ダ・ガマ橋を渡り、ひたすら車で東へ。肌に乾いた風を感じるようになったら、そこはもうアレンテージョの地だ。

アレンテージョの眺めを描くなら、絵の具は3色あればいい。乾いた大地の茶、オリーブの木とコルク樫の緑、そして、余白いっぱいに塗る抜けるような空の青だ。どこまでも広がるゆるやかな平原をまっすぐに突き抜ける一本道。その上を走っていると、道が永遠に続くかのように錯覚してしまう。車窓からの眺めは、緑や茶の色の配分は少しずつ変わるものの、同じような風景が続く。ときおり、コルク樫のだだっ広い林の中で、黒豚たちがフガフガと鳴きながら群れていたり、レンガ色の毛並みがひときわ美しいアレンテージョ牛と呼ばれるこの地の牛が、のんびりと草をはむ様子に出くわした。

車を運転してくれたのは、知人の紹介で知り合った20代の若手ワイン醸造家のディオゴ・ロペスだ。アレンテージョのワイナリーで働く彼は、アメリカのナパにワイン修業に行っていた経験もある。仕事の合間を縫って、私の取材の手伝いをしてくれた。

彼が働くワイナリー『ソシエダーデ・アグリコーラ・ド・ヴァレ・デ・ジョアナ』のあるカベサォン村まではリスボンからおよそ2時間。近くのモーラ村の宿に数日泊まりながら、あちこち訪ねる予定だ。夕方頃、車は白い家が並ぶモーラ村に辿り着いた。

コリアンダーのスープ

「サヨォーリはアソルダ・アレンテジャーナ、飲んだことある？」

車から降ろした私の荷物を宿の2階に運びながら、ディオゴが聞いた。リスボンからの道中、互いに自己紹介し合った後は食べ物とワインの話になった。この質問はその続きだ。

「リスボンのレストランであるよ。あれでしょ、コリアンダーとパンと卵の入った……」

答えるそばから、「ああ、だめだめ」。ディオゴはそんな表情で肩をすくめた。彼はリスボン生まれのリスボンっ子だが、「アレンテージョで飲まなきゃ話にならない」と言いたいらしい。

「荷物を置いたら、レストランで本物をご馳走するから」

日はすっかり傾き夜の気配。早速レストランへ向かった。

車で林を抜け、田舎道を進む。小さなレストラン『オ・ポッソ』は、村のはずれの一角にあった。店のすぐ前に車を止めて入り口のドアを開ける。壁には青と白のアズレージョ、テーブルには赤と黄と緑の格子柄のクロス。テーブルセッティングもきちんとされていて、さっぱりとした印象。奥のテーブルに座ると早速料理を注文し、まずはディオゴの働くワイナリーの赤ワインを開けた。

グラスに注ぐと華やかな香りが広がり、飲んでみると逞しく力強い。ポルトガルの伝統品種アラゴネス（スペインのテンプラリーニョと同種）やトリンカデイラが主体だという。「おいしいワインだね」と言うと、「ね、そうでしょう」とディオゴはとびきり嬉しそうだ。

あれこれ話していると、間もなくパンやオリーブなどとともに、イノシシのパテ、揚げたファリニェイラ、そしてアレンテージョでとれる野生のアスパラガスの卵炒めが並べられた。限られた春の数週間だけ味わえるという野生のアスパラガスは細くて緑の色も濃く、ほんの少し口に入れただけでも強い味と香り、ほろ苦さを感じた。

次に、話していた「アソルダ・アレンテジャーナ」（アレンテージョ風スープ）がやってきた。これは、ニンニク、塩、刻んですりつぶした生のコリアンダーとオリーブオイルだけで味つけしたスープ。厚めに切ったパンをたっぷり加え、卵を落とすと完成だ。昔、アレンテージョの貧しい人々がどこの家にもあるあり合わせの材料だけで考えついたもので、結構ボリュームもある。すっきりしたコリアンダーの風味とニンニクのおいしさが、個性的なはずなのになぜだかほっとする。

「リスボンで飲んだものより、コリアンダーの香りが強めかな？　すごくさっぱりしてるのね」

「ね、違うでしょ。生のコリアンダーがたっぷりすりつぶしてあるからね」

私の納得顔にディオゴも満足そうだ。

それから、「ミーガシュ・デ・エシュパルゴシュ」（野生のアスパラガス入りパンがゆ）と「カブリット・アサード」（仔ヤギの石窯焼き）がやってきた。

ミーガシュは、コインブラのマリアの家でもつくっていたように全国的に広がっている料理だが、もともとはアレンテージョの郷土料理。小麦の収穫が多いアレンテージョではパンを使った料理が多く、ミーガシュは、日々の残り物のパンから生まれた料理の代表だ。

本家のミーガシュは、たっぷりの豚肉とニンニクを、オリーブオイルやラード、トウシーニョ（豚の脂部分）で炒め揚げし、風味や旨みの移ったその残り油を、ちぎって水でふやかしておいた大量のパンに注ぐ。さらにそれらを焦げ付かせないように火にかけて混ぜ合わせてマッシュポテトのような状態にし、半月形のオムレツのようにして皿に盛り、炒め揚げた豚肉を添える。豚肉とニンニクの旨みが主役のパン料理だ。ほかにも、干し鱈などで味つけする変わりミーガシュもある。私達が頼んだものは、野生のアスパラガスを加えてビネガーで味にアクセントをつけていた。豚肉やニンニク、アスパラガスの旨みやほのかな酸味で、野暮ったい見た目と違い、めっぽう味わい深い。

ちなみにアレンテージョの黒豚は、日本でも知名度の高いいわゆるイベリコ豚と限りなく近い品種だそうだ（イベリコとはスペイン語でイベリア半島の、という意）。ポルトガルの畜産関係者いわく、

「イベリア半島に勝手に国境を引いてスペインとポルトガルに分けたのは人間だけど、イベリア種の黒豚達にはそもそも国境など関係ないさ。彼らは昔から、イベリア半島の南西部にだけ自生する、コルク樫の実（つまりドングリ）をもりもり食べ、広い大地を駆けめぐっていたのさ。今だってそうだよ」

なるほど、どうりで豚肉にコクがあって、おいしいわけだ。

デザートはアレンテージョの定番デザート「セリカイア」を頼んだ。平べったいスフレのようで、しっとりした焼き上がりに卵の香りがふんわり。青梅を甘く煮た「アメーシャ」が添えられていた。

この日の客は私達だけだった。私達が食べ終わる頃には、店の家族の夕飯も別のテーブルではじまり、ディオゴがデザートを食べていた店主に話しかけた。店主は上機嫌で店のことを話してくれた。この店は50年以上前からあって最初はカフェだったこと、昔はすぐ近くに闘牛場があって、村には見物客が多く訪れていたこと。そして店の壁に飾っているモノクロの写真を見せてくれた。

「これが若い頃の私の父親だよ。こっちが私」

写真を覗いていると、いつの間にか店の娘さんやお母さんも話に加わって、食後の会話は夜遅くまで盛り上がった。店を出ると外は真っ暗。見上げると、空には星がこんなにあったかしらと思うほどびっしり、大小さまざまに輝いている。もと来た道を、車のライトだけを頼りに帰った。

アレンテージョ時間

アレンテージョの時間感覚はのんびりを通り越して大雑把、かなり適当だと聞いていた。

「あっちはなんでもアレンテージョ時間だから、覚悟してね」

と、ポルトで働くカルラとソニアにも何度も念を押されていた。案の定、早速次の日からアレンテージョ時間の洗礼を受けることになった。

朝は宿の地階のカフェで「ガラォン」と鶏肉の入った小さなパイ「エンパーダ」の朝食を済ませ、10時に来る予定のディオゴを待つ。11時、カフェでボーッとしていると携帯電話が鳴る。ディオゴだ。

「ボンディーアサヨォーリ。ごめん、もうちょっと遅れそうだから待ってて」

ワイナリーの事務所で来客との打ち合わせが長引きそうだという。もう既に1時間遅れているが、まあいいか。ひとまずモーラ村を散歩することにした。

私の泊まっている宿はどうやら村の中心地だったようだ。すぐ近くに古い教会があり、石畳の小さな広場がある。木陰のベンチにはおじいさん達3人が陣取っていた。3人とも声は大きくないが、何かを熱心に話し合っていて、ときおりみんなでうなずいたりしている。と思ったら、3人で全然違う方向をぼんやり見つめていたり。きっととりとめもないことを話して過ごせる、リラックスできる仲間なんだろう。

まだ4月に入ったばかりなのに日差しは強く眩《まぶ》しい。しばらくは小さな飲食店などがポツポツ並び、その先は家や学校、オレンジやレモンの並木道。村の隙間《すきま》からは、遥か向こうに広がるアレンテージョのゆるやかな大地が覗いている。

真っ白い石灰岩の家々の壁は、どこもレモンイエローやコバルトブルーのラインが鮮やかだ。窓枠や玄関飾りの朽ちた感じも味わいがある。ドアノックには、手の形をしているものが多い。これはイスラムのお守り〝ファティマの手〟で、かつてのイスラム教徒支配下時代の歴史の名残のひとつだ。イスラム世界では、ファティマの手は魔除けや招福の意を持つという。このドアノックはアレンテージョに限らずポルトガル各地で見かける。街並みだけを見ても、アズレージョやモザイクの石畳などイスラムの影響によってポルトガルに定着したものは多く、こんな小さな村にもその片鱗《へんりん》がしっかりと残っていた。

ときおりカフェでぼんやりしながらぶらぶらし、宿に戻った。地階のカフェでビールを頼み、時計を見ると午後1時だ。もしや忘れられてしまったのかしら。ディオゴに電話をすると「もうしばらく掛かりそうだから待っていて欲しい」と言う。アレンテージョでは、待ち上手になることこそ幸せになれる秘訣《ひけつ》なのかも。

もう電話をするのはやめにした。

ワイン界の法王

部屋でひと眠りしていた2時半過ぎ、ディオゴから電話が入った。

「ごめんサヨォーリ、今からワイナリーを出てみんなでそっちに向かう。すぐだから」

起きたばかりで、しかもあまりの空腹にぼんやりしている。電話から十数分、私の待つ男衆4人がやっと目の前に現れた。3時だった。

ディオゴ以外は初対面の人達。ルイとジョゼはディオゴの働くワイナリーの経営者兄弟、そして今日のゲスト、彼らが尊敬してやまないワイン醸造家のアンセルモ・メンデス氏だ。彼の手掛けるワインは国内外で評価が高いらしく、忙しい彼の時間がもらえる機会は年に一度しかないのだそう。さっきまでその彼にワインに関するアドヴァイスをもらっていたため、遅れてしまったというわけだ。なるほど、ワイナリーの今後1年が掛かっているのだから仕方あるまい。

4人が一斉に謝ってきて、それから次々に私の左右の頬《ほお》に挨拶のベイジーニョ（キス）。続いて遅れた理由の説明があり、さらに「俺たちも腹減った」「さあ食うぞぉ」と皆わらわらと席に着く。会ってから席に着くまでほとんど勢いに呑まれた感じだった。

レストラン『アフォンソ』でのランチは賑やかで楽しかった。彼らのつくったワインを開けながら、夕方6時過ぎまで続いた。食事中もアンセルモ氏の携帯電話はひっきりなしに鳴っている。相変わらずワインの話は続いていたが、新しい料理が登場する度に、4人が料理の解説をしてくれた。食べる、飲む、喋る。彼らから溢れ出る活力のような何かに、正面から向かい合うのに必死だった。出てきたさまざまな料理も勢いで全部食べた。ものすごいエネルギーを発散しながらの食事だった。

レストランを出る頃には日も傾きはじめていた。アンセルモ氏に、

「あなたとはまたお会いする気がします。東京に来たらお電話くださいね」

と軽い気持ちで別れの挨拶をしたら、ルイもジョゼもディオゴもすごい勢いで一斉に、

「サヨォーリ、この人はワイン界の法王なんだ！　そんなに簡単に会えないんだってば！」

と力いっぱい説明されて、みんなのあまりの真剣さに思わず笑ってしまった。

アンセルモ氏は、とても落ち着いた語り口の紳士だった。醸し出す雰囲気や振る舞いもどこか温かだった。ワインの知識もさることながら、きっと人間的な魅力も強いのだ。この先、もしも東京で彼に本当に会うことがあったら、そしてそれを彼ら3人に報告したら。きっと絶叫するだろうな。

カベサォン——Cabeção

ワイナリーとカベサォン村

翌日の午前中は、ディオゴの働くワイナリーへ行った。

カベサォン村はモーラ村から車で15分ほど。観光客などまず訪れない、本当に小さな村だ。ブドウ畑では地元の女性達がブドウの木の手入れの真っ最中。ここは1836年からワインがつくられていた土地だったが、途中しばらく休耕地となり、最近になって、創業者の子孫であるルイとジョゼがブドウの品種は昔のままに、最新の技術を取り入れたワインづくりを再開したという。いずれは自分たちのワインをアレンテージョ代表の一本にしたいと意気込んでいるのだ。彼らは言っていた。

「これまではそれほどワインの生産量が多くなかったアレンテージョ地方だけど、地質や天候、特色あるブドウの品種の魅力も相まって、いまやポルトガル一、いや、外国のメーカーや醸造家までもが注目する熱い地域なんだよ、サヨォーリ」

畑を廻るともう1時だった。村に戻って昼ご飯だ。ディオゴお気に入りの店『ア・パルメイラ』に行ってみると、テーブルは客でびっしり埋まっていて、村中の人が集まったのかと思うほどの大混雑だった。どうやらパシュコア（キリストの復活祭）前の連休に入っていて、村全体が里帰りラッシュだったようだ。じりじりと照りつける日差しのもと、3世代の大家族が何組も外で席の空くのを待っている。私達は村を散歩しながら待つことにした。

カベサォン村の中心部は1時間もあれば歩けてしまえるほどだった。教会前の広場の真ん中には、中世時代の罪人拷問のための柱「ペロウリーニョ」が立っている。しばらく行くと村の共同洗濯場があって、おじさんが大きな洗濯槽をモップで洗っていた。今日は週1回の掃除の日だそうだ。高低差のある2つの大きな槽が並び、低い層で洗濯物の汚れを落としたら高い層ですすぐ。綺麗な水は高い層に注がれ、低い洗濯槽の床穴から汚水が流れ出る仕組みだ。周囲にはベンチもあり、ちょっとした社交場のようでもあった。掃除していたおじさんが、

「ここはずっと昔からあるんだ。洗濯しながら、女性は毎日井戸端会議だよ」

と教えてくれた。

トレシュモシュ、サメのスープ、絶品ミーガシュ

2時半過ぎ、レストランに戻るとようやく席に着けた。

ワインを開けて待っていると、たちまち目の前に小皿がいくつも並ぶ。オリー

ブ、パン、自家製のショリッツソとファリニェイラのスライス、「オーヴォシュ・ミシードシュ・コン・エシュパルゴシュ・イ・カマラォン」（野生のアスパラガスとエビの卵炒め）、「エシュパレガード」（ピュレ状のホウレンソウにニンニク、オリーブオイル、塩などで味をつけたもの。通常はつけ合わせ）、そして……、

「ここのイチオシはこのトレシュモシュ。豚を揚げたやつだよ。前にリスボンの友達を連れてきたら、みんな食べまくりでさ。こればっか食べすぎて、帰りの車で気持ち悪くなったヤツもいて途中大変で……」

トレシュモシュ？　見た目は軟骨の唐揚げみたいでおいしそう。指でつまんで食べてみる。カリカリと香ばしくて旨みがあって、さっぱり塩味。たちまちやみつきになる。

「これ、豚のどこの部位なの？」

ディオゴはそこまで興味がないらしく、知らないという。店の人に聞くと、トウシーニョという脂部分の、さらに下にある脂部分だという。脂の下の脂？　図にして描いてもらうがどうもピンとこない。つまりは、三枚肉の脂部分を細かく切って揚げたといった感じだろうか。確かに、香ばしさを味わっていると、揚げ

たものの核になる部分に出会うことなく口の中で消えてしまうのだ。皮でも内臓でも軟骨でもない不思議な物体。ビールを追加しつつ、ふたりであっという間に皿を空けた。

小皿群の後はメインが2皿。「ソッパ・デ・カサォン」（小さいサメのスープ）と「ミーガシュ・デ・エシュパルゴシュ」だ。サメのスープは淡泊な身が食べやすく、コリアンダーやオレガノなどのハーブ、ニンニクを加えてある。とろみがあり、ビネガーの酸味がアクセントとなっていて、隠し味の牛乳が全体を柔らかくまとめている。聞けば店のオーナーの兄弟がワインをつくっていて、ビネガーはそこの自家製だという。アレンテージョでは酸味が隠し味になっている料理に出会うことが多かった。ドウロ地方でも同じことを思ったが、おいしいワインのあるところにおいしいビネガーあり、ということなのだろう。

エストレモシュ――Estremoz

エストレモシュの聖なるバラ

モーラ村から東に一直線、約1時間半のドライブ後、日の落ちる前にエストレモシュに着いた。

数日間小さな村にいたせいか、エストレモシュは人通りが多く大きな町のように感じるが、実際は半日もあれば廻れる町だとディオゴが言う。車を町の中心のロシオ広場の脇に止めて散歩すると、アレンテージョ特有のカラフルな手描きの陶器が並んだ店が軒を連ねている。すぐ先のカフェでは、仕事終わりの一杯を楽しむおじさんが集まっていた。

「こっちは城壁外の下の町で、時とともに段々と広がってきた生活域。あの城壁の内側が13世紀からある上の町。雰囲気も全く違って、あっちは古くからの町の様子が残ってるよ。行こう」

何度もこの町を訪れているというディオゴは、城壁に向かってずんずん歩いていく。

城壁の入り口をくぐると周囲の空気が急に変わった。澄んだ静けさが漂う。白壁の家々は入り口が低くて小さく、地面の石畳はゴツゴツして歩きにくいほどだ。丘陵地帯にできたこの町一番の見晴らしは、当然町の中心である城からの眺め。城の主塔側の広場から町の外への広がりを眺めると、遥か向こうのスペイン側にうっすらと連なる山々が見えた。ここから数十キロ先はスペインとの国境だ。

予約したレストランは城のすぐ近く。レストランの名前『サォン・ローザス』は、聖なるバラという意味だそうだ。ディオゴがこの店の名の由来を話してくれた。

「昔、エストレモシュの城にイザベルという慈悲深い王妃が住んでいたんだ。彼女は王に内緒で、いつも貧しい人にパンや金貨のほどこしをしていた。ある日、パンを布に包んで持ち出すところを王にとがめられ、中身を見せろと言われて包みを開けると、パンがバラに変わったんだ。その奇跡を指して聖なるバラというんだよ」

今でも国民の9割がカトリック教徒というポルトガルで、大切にされてきた聖なるバラの話だった。ディオゴも、いつになく神妙な面持ちで話していた。

ここは石造りの家を改装したこぢんまりした店だ。抑えた照明と落ち着いた雰囲気が店名とよく合っているように感じた。メニューのほとんどが地元アレンテージョの料理だという。

面白かったのは、初春にわずかにとれるポルトガルの白トリュフ「トゥーベラス」だった。生のごく薄いスライスで出てくるかと思いきや、ホタテの貝柱をそぎ切りにしたような厚みのものが、オリーブオイルで炒められて出てきた。なんと大胆！　ほんのりニンニクの香りがする軽い塩味のトリュフ炒めは、嚙むと確かにトリュフの香り。でもニンニクと合わせるなんて……。トリュフもほかの食材と同様、ざっと炒める垢抜けない感じが、ポルトガルらしいなと思った。

もうひと皿、印象的だったのが「ブッラス・ノ・フォルノ」（豚の頬肉の窯焼き）。ピーマンペーストや塩などで下味をつけて焼いた頬肉は、豚の顔をイメージできる形を留《とど》めつつ、どっかり皿にのってやってきた。1人前だというが、どう見ても3人前だ。アレンテージョの大地を走り回り、ドングリを食べて育った黒豚の頬肉は柔らかく味が濃い。ドングリを食べて育つからナッツの風味がする、とよく言われるが、確かにこの肉の独特な力強いコクは、ナッツの持つ良質の油の旨みや香りなのだろう。骨にへばりついているゼリー状のコラーゲン部分もとろっとして濃厚。添えてあるオレンジで口の中を何度もさっぱりさせながら、しっかりかぶりついて骨だけになるまで全部食べた。

そして、いろいろな意味で最も忘れられないのが、店の人の勧めで食べた修道院菓子「プディム・デ・アグア・デ・エストレモシュ」。直径30センチほどのリング状の卵黄プリンだ。卵黄40個、砂糖たくさん（店の人が言ったのだ）で出来ている。覚悟はしていたものの、ほんのひと口で強烈な甘さに痺《しび》れた。さっきまで食べていた料理の記憶も、一遍に吹っ飛んでしまった。

エヴォラ——Évora

エヴォラに行ったら、歴史より小皿

城壁に囲まれた白い町エヴォラは、アレンテージョの中心都市で長い歴史を持

つ。この地に住んだ人々は、紀元前からの先住民ルシタニア人にはじまってローマ人、イスラム教徒のムーア人、カスティーリャ人と実にさまざまだ。町にはローマ時代の神殿や水道橋、16世紀に日本の天正遣欧少年使節が訪れた大聖堂と、歴史好きなら見ておかないと気が済まなくなるような建造物がいろいろあって、町全体が博物館のようだ。1986年からはエヴォラの町自体が世界遺産に登録されている。

だがしかし、私にとってのエヴォラは歴史の町ではない。小皿の町だ。美しい陶器の小皿という意味ではなく、おいしいおつまみを意味する〝ペティシュコシュ〟の小皿だ。

とびきりのペティシュコシュを出す店『タスキーニャ・ド・オリベイラ』に置いてあるマッチ箱には、こう書いてある。

〈郷土料理各種、おいしいおつまみいろいろ、地酒各種〉

ポルトガルのボリューム満点な単品料理に悩まされ、半人前にしてもらってもなおいろいろ食べたいという欲求を満たせない中、おいしいおつまみの小皿たちは願ってもないスタイルだ。スペインのバルに並ぶおつまみのタパス同様、地のものを使った気軽な定番料理が何種類も揃っている。

さらに嬉しいのは、この店の料理がどれも日本人の味覚にも馴染みやすい優しい味つけなのだ。ポルトガルに住む友人の菅さんが、ここはぜひ訪ねて欲しいと言っていた理由がよくわかった。

14人でいっぱいになる小さな店。人数に合わせてお薦めのペティシュコシュを適当に選んでもらうと、色とりどりの小皿が次々とテーブルに並んだ。

・「ケージョ・デ・カブラ・フレシュコ・コン・ドーセ・デ・アボーボラ」（新鮮なヤギのチーズ、カボチャのジャム添え）
・「サラダ・デ・グラオン・コン・バカリャウ」（ヒヨコマメと干し鱈のサラダ）
・「サラダ・デ・オーヴォシュ・デ・ペシュカーダ」（タラコのサラダ）
・「サラダ・デ・ピメントシュ」（ピーマンのサラダ）
・「サラダ・デ・コグメロシュ」（キノコのサラダ）
・「サパテイラ・デソサーダ・アオ・ナトゥラール」（茹で蟹の身をほぐしたもの）
・「トレシュモシュ」（豚の脂の素揚げ）

・「クロケッテシュ」（牛肉のコロッケ）
・「パタニシュカシュ・デ・バカリャウ」（干し鱈のかき揚げ）

サラダ類はどれもたっぷりのオリーブオイルと少量のビネガーでマリネしたあっさり仕上げで、コリアンダーやミントなどのハーブがきいた爽やかなものが多かった。サパテイラという蟹は、茹でた身を丁寧にほぐしただけで余計な味つけは一切ない。直径20センチほどの甲羅に溢れんばかりにこんもりと盛られ、蟹そのものが存分に味わえた。

でも、なにより驚いたのは定番の干し鱈のかき揚げだった。ポルトガルでは珍しく、とても繊細な出来なのだ。サクサクの軽さ、パリパリの薄さで干し鱈の塩気もちょうど良く、イタリアンパセリも品よく香ってちゃんとアクセントになっていた。

あちこちでかき揚げを食べる度に、密かにサクサクを期待してはがっかりしていたから、サクサクの良さがわかるシェフがいることが嬉しかった。ほら、まわりのポルトガル人のお客さん達もサクサクとおいしそうに食べている。やっぱり天ぷらは、サクサクのパリパリがおいしいもの。

アルカセル・ド・サル——Alcácer do Sal

豚とアサリ

東京のキッチンで、私がよくつくるポルトガル料理のひとつが「カルネ・ド・ポルコ・ア・アレンテジャーナ」（豚とアサリのアレンテージョ風）だ。「マッサ・デ・ピメンタォン」という赤ピーマンのペーストとニンニクで、角切りの豚肉にしっかり下味をつける。これをラードで炒め、そこにアサリを加え、仕上げに刻んだコリアンダーを散らすのが基本。だが、私はアサリの後にさらに揚げたジャガイモを加え、豚とアサリのスープをほどよく吸わせるレシピが大好きだ。このレシピのお手本は、アレンテージョ地域の海側に位置するアルカセル・ド・サルという町の『ア・エスコーラ』のものだ。

リスボンの南、セトゥーバルの港からフェリーに乗って約15分。対岸の、針のように細長く伸びるトロイア半島へ渡る。半島一帯はアレンテージョを流れるサド川が辿り着く湾になっていて、周辺は塩田や水田が広がる沼沢地《しょうたくち》だ。半島を車でグングン直線に走り抜けると、1時間ほどでアルカセル・ド・サルに着いた。目指すレストラン『ア・エスコーラ』（学校の意）の屋根の煙突には大きなコウノトリの巣がある。この辺り一帯はコウノトリの一大生息地なのだが、大きなコウノトリがあちこちでばっさばっさと羽ばたいているのには驚いた。屋根や煙突などの上にある巣はどれも大きく、まるで家の一部のように見える。なんだかユーモラスな町だった。

オーナーシェフのエンリックさんは自分の育ったこの地域の料理を研究し、ときには古い史料からレシピを見つけ出したりしながらメニューを考えているという、研究者肌の料理人だ。

「アレンテージョはイスラム文化の影響が強く残っているから、料理も調べると面白いんだよ」

アクセントにコリアンダーやミントなどのハーブを使ったり、米料理やデザートにアーモンドや松の実を使うなど、南のアレンテージョやアルガルヴェの料理にはこうしたイスラムの強い影響が残っていて、これが食を彩るポイントでもある。エンリックさんのつくる料理がどれも南の明るさに満ちているのは、そういった部分を意識しているからだろう。

ところで、「カルネ・ド・ポルコ・ア・アレンテジャーナ」のつくり方のコツはなんだろう。

「おいしいマッサ・デ・ピメンタォンで豚肉にしっかり味つけするのと、上質のラードを使って調理することだね。とくにラードの質には気をつけて」

やっぱりそうなんだ。ミーニョのルシアも言っていたけれど、ラードは上質のものを、というのがポルトガル料理の基本なのだ。

レストランは、廃校になった小学校を上手に改装して使っていた。

真っ白い壁、大きくとられた窓がつくる清潔感と開放感に満ちた空間。なにより、働いている人達が明るくて気持ちいいのだ。訪ねたとき、休憩時間だった従業員はワイワイと楽しそうに食事をしていて、まるで学校の休み時間のようだった。

ポルトガルの中でも、とくに南の地域はラテン濃度が高いような気がする。広い大地、乾いた風、照りつける太陽、そんな環境がアレンテージョの人達を明るくするのだろうか。みんながあんまり楽しそうだったので、エンリックさんを囲んで店の入り口で写真を撮らせてもらった。私のイメージするアレンテージョの明るさそのものが、彼らの笑顔や料理に表れていた。

「料理人だってアーティストなのさ。おいしく、美しくないと」

エンリックさんが楽しそうに言ったこの言葉を、私は東京のキッチンで、ときどき思い出している。

ヴィーニョ・ヴェルデを巡る旅

ポルトガル各地を巡って一冊の本に記した後も、やっぱりポルトガルが気になって仕方がなかった。でも、そんなときに限ってなかなか旅に出られない。旅自体がしばらくおあずけだった。

現地に行けないとなると、日本でポルトガルの味を探すことになる。気が付くと、晩酌はほとんどポルトガルのワインになった。インターネット上にあるポルトガルワイン専門店の常連客になったのだ。これなら日本にいてもポルトガルの北から南までを網羅できるし、いろんなワインに出会える。赤も白もロゼも、エシュプマンテ、つまりスパークリングワインだってある。

中でも私が日常的に飲んでいたのは、北部産の緑のワイン、ヴィーニョ・ヴェルデだ。なんといっても自分でつくる日常のおつまみに合わせやすい。野菜の和え物や揚げ物、刺身や焼き魚、スパイシーな肉料理にポルトガル風の米料理まで、どれと組み合わせても滅多に料理と喧嘩《けんか》しない。爽やかな酸味と微発泡の軽やかな飲み心地でアルコール度数も10％前後と低いから、夏はビール代わりにもなる。その結果ヴィーニョ・ヴェルデばかり飲むことになり、ますます思い入れが強まった。よし、次はヴィーニョ・ヴェルデを巡る旅にしよう、そう思うようになっていた。

しかし旅のチャンスはなかなか巡ってこない。

東京の家で過ごしていたある夏の晩。体にはりつくような暑さにすっかり参って、冷蔵庫からヴィーニョ・ヴェルデを取り出した。飲むことで、せめて小さな旅に出るのだ。

グラスに注ぐと穏やかな泡はシュワシュワと踊り出し、グラスの内側にピタッとはりつき、やがて自由気ままにはじける。部屋の明かりにかざしてみると、淡いきらめきがこのうえなく涼しげだ。ワインに溶け込んだ淡い泡ごとゴクリと飲むと、心地よいかすかな刺激がのどをくすぐり、柑橘《かんきつ》系のフルーティな香りがふんわりと口や鼻の中に広がる。飲みながら訪れた産地の景色を思い浮かべた。湿潤な気候と豊かな水に恵まれた、緑深いミーニョ地方。小高い丘のような気持ちの良いブドウ畑もあったっけ。スペイン・ガリシアの街並みを対岸に望むリマ川や、悠々と流れるミーニョ川。清らかな水に育まれた緑濃いあの地は、どこも空気がおいしかったなあ。清々《すがすが》しかったなあ。きっとあの一帯は、いつも濃厚なマイナスイオンで満たされているに違いない。ああ、また行きたい。行って全身マイナスイオンまみれになりたい。緑の景色を堪能して、もっと知らないヴィーニョ・ヴェルデもたくさん飲んでみたい。ああ、やっぱり旅に出たいなあ。

ふいに気持ちが決まった。

やっぱり、ポルトガルへ行こう！

何度も自分を納得させていた旅に出られない数々の理由は、その瞬間、はじける泡のように消えてしまった。

こうして4年振りにポルトガルを再び旅することになった。

リスボンとヴィーニョ・ヴェルデ

ヴィーニョ・ヴェルデというワインは、私がポルトガルに興味を持ったきっかけのひとつでもあった。

約20年前の大学生当時、卒業を目前にしてミラノ、バルセロナ、マドリッドと訪ね歩き、最後に訪れたのがポルトガルのリスボンだった。リスボンを訪ねたのは親しい友人がたまたま留学していたからで、旅のおまけのような目的地だった。

リスボン大学に留学していた友人は筆マメで、日々の面白い出来事を綴《つづ》った手紙をよく送ってくれていたのだが、そこにはいつもお約束のように「リスボンは本当に何もない」と書いてあった。国の首都なのに何もないって一体どういうことだろう。手紙ではさっぱりわからなかったが、実際に訪ねてみるとその意味がよくわかった。本当に、当時のリスボンには何もなかったように見えた。飾り気がない、商売っ気もない、観光客などほとんど意識している様子がない。圧倒的に生活者が主役の街だった。

では街が殺風景だったかというと、それがそうではない。数百年前からの伝統であるアズレージョで彩られた建物が軒を連ね、昔からの街の景色を、今の人達が好き勝手に手入れした様子はほとんどない。だから街に趣があった。建物には年月の経過がしっかりと刻まれていて、歴史が感じられる。その眺めは、あるときから時間が止まっているかのようだった。

それまで東京のように商業化が進んだ、広告が溢れる都市ばかり目にしていた私にとって、この街の落ち着きぶりは驚きだった。しかし、それにしてもリスボンは、二十歳《はたち》そこそこの私にはあまりにも刺激が少なかった。だから「何もない」街に思えてしまったのだ。

そのとき、友人がおいしいと薦めてくれたワインがヴィーニョ・ヴェルデだ。はじめての味だった。すっきりとした軽やかな飲み心地。細かく柔らかい泡が溶け込んで、のどにかすかにピリッと感じる爽やかさもある。ほんのり黄緑色でブドウの香りも若々しい。そしてなによりも、詩的な名前が印象深かった。ヴィーニョがワイン、ヴェルデが緑、つまり「緑のワイン」という意味だと友人から教わって、なんて上手に、ワインそのものの個性を表している名前なんだろうと思った。

それ以来、私の中ではポルトガル＝ヴィーニョ・ヴェルデであり、どことも違う「何もない」リスボンの街の印象も、ずっと消えることなく頭の片隅に残っていた。そして出会いから時が経った今も、ワインの印象も街の印象もほとんど変わっていない。

ミーニョ地方、再び

ヴィーニョ・ヴェルデの故郷

ヴィーニョ・ヴェルデの故郷は、ポルトガル最北のミーニョ地方だ。ミーニョ地方は緑の地と呼ばれている。水に恵まれ豊かな森があって、緑が生い茂る地域だ。最北を流れるミーニョ川を挟んで、さらに北のスペイン・ガリシア地方と隣接している。

以前ミーニョのワイナリーを訪ねたとき、オーナーのティナにヴィーニョ・ヴェルデについてこう教わった。

「この辺の土は水はけがいい花崗岩が主で、夏でも涼しいから糖度の低い酸が強めのブドウが育つの。だからワインは爽やかな酸味やフレッシュな香りが持ち味。

アルコール度数が10%前後と低めに仕上がるのも、ブドウの糖度が低いからなの」

ヴィーニョ・ヴェルデのヴェルデは緑と訳すが、緑色というよりフレッシュで若いという意味が強い。ワインの熟成を待たずに新鮮さを楽しんできた、いわゆる早飲みタイプのワイン。そこからヴェルデ（若い）と呼ばれるようになったと聞いた。

「この地域はもともとそれぞれのワイン畑が小さくて、自分達家族が飲む分だけをつくって消費していたの。自家醸造で発酵が完全に終わる前に瓶詰めしたワインは瓶内でもまだ発酵していることが多くて、自然発生したガスがワインに溶け込んで微発泡のワインになったの」

実際にひと昔前のミーニョ地方では、自家製のヴィーニョ・ヴェルデを開けるときに、中のガスと一緒にワインが溢れることもよくあったそうだ。

「最近では海外での人気も高まっていて、生産者もより質の高いワインにしようと開発に力を入れているの。発泡しているフレッシュなものばかりではなくて、熟成を楽しむ発泡させせないヴィーニョ・ヴェルデも増えていて、これも人気なのよ」

発泡しないヴィーニョ・ヴェルデ。これがこの旅のサブテーマにもなった。

緑の風景

ミーニョ地方を廻ってみると、ひと口に緑の地といっても山あり谷あり、川あり森あり、海あり平原ありと緑のバリエーションもさまざま。

大西洋沿いの、緑の海岸と呼ばれるコスタ・ヴェルデは開かれた緑のイメージだ。

海の青、波の白と、海岸線ぎりぎりまで続く草木の深い緑が、鮮やかなコントラストを描きながら果てしなく続いている。海面に広がる光が波のリズムできらきらと踊るそばで、海岸沿いの緑の茂みが風で一斉に揺らめく様子は、まるで自然のオーケストラだ。この瞬間を切り取って額縁に収めたいと何度も思った。

内陸に進むと一転、周囲は鬱蒼《うつそう》とした雰囲気になる。閉じた緑のイメージだ。

ゆったりとしたリマ川の流れる辺りに来ると、周囲の山や森の緑のグラデーシヨンが、高く、低く、濃く、薄く連なって川の水の深い青をとりまく。ときどき、古代ローマ時代から続く石造りの橋や教会などが現れ、景色に一層落ち着きを与えている。

気持ちの良いこの地域は夏の避暑地としても人気で、実際リスボンやポルトなど都会に住む人達の中には、夏の別荘を涼しいミーニョに構える人も少なくないと聞いた。

ワイン産地としては大まかに9つの地域分けがされていて、地域ごと、さらには個々の畑の立地ごとに日照時間や風雨の影響、土の質なども違い、ブドウの種類が豊富。小規模なワイナリーから大きなワインメーカーまでいろいろあるが、さてどこを訪ねよう。ポルトガルに住むワインの師匠であるカルロスを頼ることにした。

ポルト発、ミーニョの旅へ

9月末。4年振りに訪れたポルトガルは旅には最適の初秋だった。日中は暖かく、ちょっと暑い日もあるぐらい。反して朝晩は空気がひんやり心地よい。

リスボンから電車でポルトへ移動し宿へ荷物を置くと、早速ワイナリー巡りだ。カルロスが宿の近くまで迎えに来てくれた。

これまでの旅でも、カルロスにはポルトガルのワインに関していろいろと教わってきた。知識の豊富さもさることながら、ホスピタリティー溢れる温かい人柄も魅力でつい頼ってしまう。そんな彼と久しぶりの挨拶もそこそこに車に乗り込むと、早朝のポルトを出発した。

車内ではひたすらふたりで喋りっぱなしだ。お互いの家族のこと、仕事のこと、日本のこと、ポルトガルのこと。すっかり錆《さ》びついているポルトガル語の出番はなく、これまたほこりをかぶっていた英語をウンウンひねり出しての会話だった。

それにしても、英語を使うのも久しぶり。ぱっと思い浮かぶことを英語に変換するのに、恐ろしいほど時間がかかる。普段の勉強不足が呪いのように襲ってくる。ああ、英語……。帰ったら勉強だ！　といつもこういうときに強く心に誓うのだが、この誓いは例外なくその場限り。この流れ、もういやになるほど何度も経験済みだなあ。ああ、私……。

ブドウの味はワインの味

ポルトガルのワインを生むブドウは、何百年も昔からポルトガルで育てられている土着品種がほとんどで、聞いたことのない珍しい名前が多い。ヴィーニョ・ヴェルデもしかり。だから面白い。最初に訪ねたワインメーカーで、その主要品種を比較しながら飲んでみることになった。

ポルト近郊にあるワインメーカー『ヴェルクープ』は、ブラガやギマランイシュなどミーニョにある主要産地から13のワイナリーや協同組合が集まって、1964年に共同会社として創立したワイン企業だ。より高い品質のヴィーニョ・ヴェルデを世界に広めようという志のもと、海外への輸出も積極的に行っている。とくにアメリカへの輸出が全体の約50%を占めていて、次いでブラジル、ロシア、北欧などにも輸出している。少し前にワインの専門雑誌で、ヴィーニョ・ヴェルデがアメリカで人気が出はじめていると読んだ覚えがあったが、ここでそれも納得。ヴィーニョ・ヴェルデの軽やかさは、アルコールの嗜好《しこう》がヘビーからライトに移行しているという世界全体の流れに合っているのかもしれない。ひょっとして、そのうちヴィーニョ・ヴェルデのブームが世界的にやってくるかも。

施設の見学が終わると、案内してくれていたセールスマネージャーのジョゼ・カストロさんが、扱っているワインをずらりと並べながら説明してくれた。

「うちの主力ヴィーニョ・ヴェルデのひとつ『ヴィア・ラティーナ』です。このブランドは、ブドウの種類やブレンド別に6種類あって日本にもいくつか輸出していますが、ご存じのものはありますか？」

ありますとも！　うちの冷蔵庫のレギュラーを1本発見。現地で会うというのはなんだか不思議な感覚で、まるでポルトガルでうちのご近所さんに会ったような感じだ。早速テイスティングしてみる。

6種類のブドウのラインナップはこんな感じだ。

・アルヴァリーニョ100％
・ロウレイロ100％
・アルヴァリーニョ、ロウレイロのブレンド
・ロウレイロ、トラジャドゥーラ、ペデルナンのブレンド

・エシュパデイロ100%
・ヴィニャオン100%
これらはすべてポルトガルの地ブドウを使っているのだが、まるで呪文のような耳慣れない名前ばかり。前半4本は白、あとはロゼと赤のヴィーニョ・ヴェルデ。アルヴァリーニョ100%のヴィーニョ・ヴェルデだけは発泡していない。その方がブドウの個性を引き立たせられるからだ。

「同じメーカーの同じブランドのヴィーニョ・ヴェルデでも、ブドウの種類やブレンドでこんなに味が違うって面白いでしょう、サヨォーリ」

カルロスは最初にここで、ヴィーニョ・ヴェルデのブドウの概要を私につかませようとしてくれていたのだ。ここはステップ1ということですね、師匠!

シュワシュワして!

「ワインは農産物だからいつも絶対同じ味ということはあり得ないけれど、ブランドごとに仕上がりの味のイメージがあるから、その年のブドウの出来を確認しながらブレンドの割合を決めるんだよ」

カルロスがさらに解説を続ける。

「ヴィーニョ・ヴェルデに使う代表的なブドウは、アルヴァリーニョとロウレイロ。この2種はとくに個性があって、単一品種でヴィーニョ・ヴェルデをつくることも多いね」

アルヴァリーニョというブドウはいつも気になる存在だ。

以前飲んだアルヴァリーニョ100%のヴィーニョ・ヴェルデは、とてもフルーティで繊細な香りがする、花のように上品な白ワインだった。ただし、アルヴァリーニョというブドウの個性を生かしてエレガントなワインにするため、ヴィーニョ・ヴェルデだが発泡させずにつくっている。

そしてここからは旅人の勝手なつぶやきなのだが、ヴィーニョ・ヴェルデにはやっぱりシュワシュワしていて欲しい。シュワシュワしないのなら、アルヴァリーニョの発泡しないワインだけはヴェルデ（緑）じゃなくてブランコ（白）にすればいいのに、と思ってしまう。いや、実際はヴィーニョ・ヴェルデも白ワインだからこの理屈はてんでおかしいのだが、私にはシュワシュワしないヴェルデがどうしてもしっくりこなかった。緑はフレッシュネスの意味もあるんだから、やっぱりシュワシュワの爽やかさが欲しいのだ。

発泡しないアルヴァリーニョ100%のヴィーニョ・ヴェルデは、この後の旅でも何度も飲んで、飲めば飲むほどますます好きになった。飛びぬけて奥行きのある味わいだからだ。白ワインとしては非常に好み。というよりもアルヴァリーニョが好き。だから余計に厄介だ。やっぱりヴィーニョ・ヴェルデと名乗るからには、かすかにでもいいから発泡して欲しいと思ってしまう。旅の間中、発泡しないアルヴァリーニョのヴィーニョ・ヴェルデはずっと悩ましい存在だった。

「アルヴァリーニョって高級ワインにもなる品種でしょ？　以前ミーニョを訪ねたときも、ワイナリーのオーナーに、アルヴァリーニョは発泡させずに熟成させた方がいいワインになると言われたことがあったなあ……」

するると、カルロスが急に熱を込めて話しだした。

「そうなんだよ、サヨォーリ！　アルヴァリーニョはほかのブドウと違って、熟成させて変化を楽しめる力がある。高級な白ワインになるポテンシャルの高いブドウなんだ。だからヴィーニョ・ヴェルデの中でも特別な存在なんだよ」

確かに、アルヴァリーニョのふくよかな香りや複雑な味わいは格別だ。さっぱり爽やかだけでは済まされない、むむ、お主は何者ぞと思わず聞きたくなるような存在感があるのだ。

ギマランイシュ

ラベルより、中身

ヴィーニョ・ヴェルデにはロゼもある。

エシュパデイロというブドウを使っているものがほとんどで、これもポルトガルの土着品種。鮮やかな色にグンと華やかな香りで、口に含むとイチゴのような甘い香りも感じる。でもワイン自体はすっきりとした辛口。このギャップもまた魅力だ。スモークのかかったハムや腸詰め類、衣や具に味のある、魚や野菜のポルトガル風天ぷらなどを合わせたくなる。

『アデガ・クーペラティバ・デ・ギマランイシュ』(ギマランイシュワイン協同組合)のロゼのヴィーニョ・ヴェルデには、とくにそんな印象を受けた。これ、日本に持って帰りたいなあ。試飲しながら思わずつぶやいた。

ここはギマランイシュ周辺にある約250軒のブドウ農家が集まってワインをつくっている組合で、観光客で賑わうギマランイシュの郊外、見晴らしのいい山道を上った先にある。見渡す周囲は山とブドウ畑のみ。迎えてくれたのは、組合最高責任者のセケイラ・ブラガさん。声も体も大きくて、笑い声も響き渡るような迫力のある人物だ。

この協同組合の看板ワインである「プラサ・デ・サンティアーゴ」はブドウの種類とブレンドで4種類のラインナップがあった。柑橘系のインパクトもあるすっきりした辛口のブランコ(白)は、ロウレイロ、アリント、トラジャドゥーラをバランスよく合わせていてもちろん微発泡。この爽やかさにはスパイスのきいた揚げものや魚介の料理がぴったりだ。質の高さから数々の受賞歴もあるそう。テイスティングなのについついつい本気で飲んでしまった。

さらにワインの味はもちろん、この組合はシンボルマークが可愛くて印象的だった。白地に黒のシンプルな線画で、ギマランイシュの伝統的なベストを着てブドウ摘みをするふたりが描かれている。ポルトガルらしい素朴で明るい雰囲気だ。ビジュアルに弱い私のような人間は、ワインボトルにこんなマークがあるだけできっと手を伸ばしてしまう。ところが、このマークはワインのラベルにはデザインされていなかった。なんともったいない！

「あの愛嬌《あいきよう》のあるシンボルマーク、すごく可愛いからワインのラベルに大きく使ったらいかがですか？」

案内してくれたセケイラさんに思わず言ってみた。

「ワインが好きな女性は、見た目の可愛らしさでまず興味を持つ人もいますよ、私みたいに」

セケイラさんは、そうかい、なるほどねえといった感じであまりピンときていない様子。そうでした、つくり手のみなさんは、ビジュアルよりまずは味が大事。というより味がすべて。それは当然です。でもですね、セケイラさん、ビジュアルもまた大事だと思うんですよ。私の意見もぜひ参考にして欲しいなあ。あのロゴマークを生かしたボトルのワイン、つくって欲しいなあ。私がたくさん買いますから！

赤のシュワシュワ

試飲や見学が終わったらもう昼過ぎ。私、師匠カルロス、セケイラさんとワインの味を決めるワインプロデューサーのペドロ・カンポスさんの4人で近所のレストランへランチに出掛けた。もちろんこちらのワインを持参してだ。

そしてこのランチがまた賑やかだった。

まず、セケイラさんとペドロさんのふたりは性格が真逆で、そのコンビネーションが見ていて面白い。

情熱的で話にすぐに夢中になるセケイラさんは身ぶり手ぶりも大きくて、Nao（ナォン）、つまりノーをアピールするときの手を、辺りの空気を全部払うかのように大きく左右にブンブン振るのだ。それだけで私はニヤニヤしてしまう。ポルトガルの熱いおじさま、ここにありだ！

その横で、彼の話を聞きながらクールに対応するのが少し若いペドロさん。英語も堪能で質問に的確に答えてくれる彼は、セケイラさんの説明をさらに具体的にわかりやすく訳してくれるのだった。

彼らが持参したヴィーニョ・ヴェルデは赤だった。ヴィニャオンというポルトガル土着品種のブドウ100％でつくられた赤のシュワシュワは、コクもありバランスも良く、地元の料理にもよく合う。

「これをお客さんに試飲してもらうときは、みなさん覚悟はいいですか？　って聞くんだよ」

とセケイラさん。

どういうことかというと、ヴィーニョ・ヴェルデの赤自体が、実はポルトガル国内でもそれほど知られていない珍しい存在で、赤ワインがシュワッと発泡することに慣れていない人が多い。だから、はじめて飲むとびっくりする人がいるということなのだ。

確かに微発泡の赤ワインは世界的にも珍しい。イタリアのランブルスコやフランスのペティアンなどを飲んだことがあれば別だが、基本的にポルトガルの人はローカルワインを飲むことが多く、ワイン関係者やワイン好きでなければ、海外のワインにあれこれ詳しい人もそう多くはないと聞く。いろんな国のさまざまな飲み物を楽しんでいる私たち日本人は、むしろ珍しい方なのかもしれない。

私がヴィーニョ・ヴェルデの赤も大好きだと彼らに話すと、へえ、あんた変わってるね（とは言われなかったけれど）という驚いた表情だった。

赤のヴェルデは飲みやすい。シュワシュワの微発泡のおかげでタンニンが柔らかく感じるのだ。この、微というところも大事。あまり発泡がきついと、今度は赤のコクや味わいの邪魔になる。

さらに、ヴィニャオンというブドウの個性にも魅《ひ》かれる。ギュッと凝縮した干しブドウ的な味わいがあって、ほのかな甘さも感じるのだ。実際はちっとも甘くない。でも飲むとなんとなく、温かさにも似たほのかな甘さを感じるから不思議だ。

お代わりのもてなし

赤のヴェルデがどんな料理にぴったりかというと、レストランのお薦めは、北部のスペシャルメニュー「アローシュ・デ・カビデラ」、鶏の血のリゾットだ。

以前コインブラのマヌエルにもつくってもらった思い出の料理。たっぷりのソースは鶏の血を使っていて濃厚で、ワインビネガーの旨みが隠し味。鶏肉の足や胸などいろんな部位とお米を煮てあり、肉にも米にもいい味が絡まっている。ビネガーでマイルドにまとまったスープは、パンチのある見た目に反して案外しつこくない。名古屋の味噌煮込みうどんの汁の方が、むしろ濃いぐらいかもしれない。

それにしてもこのお店の盛りは豪快だった。

直径50センチほどの巨大な深皿にたっぷりと盛られてやってきて、しかもお店の人がこの特盛りの皿を置きながら、

「お代わりあるからね」

ってウインク。

いやいやお姉さん、いくら男性が3人いるからって、これはお代わりまで到達しませんよ……と思っていたら、半分ぐらい食べ進んだところでセケイラさんがお店の人に、

「お代わりちょうだい」

って。

えっ！　セケイラさんまだいいですよ、だって半分しか食べ終わってないし。

するとお姉さんは、いそいそと巨大な深皿を撤収すると、間もなく最初と同じようにたっぷり盛られた状態で持ってきてくれた。

「はい、どうぞ」

どうぞって言われても、これを完食は無理だよね。みんなちゃんと全部食べる気あるのかなあ……。勝手に心配していたが、案の定4分の1ほどを残して終わった。でも、みんな残すことにとくに抵抗がない。

「ちょっと残っちゃったね」とか、

「やー、もう無理だ、入らない」とか、

「お代わり、やっぱり無謀だったかな」とか、
日本人なら思わず言いそうな、残したことに対する罪悪感のような台詞《せりふ》が一切出てこないのだ。

ここでやっと理解した。

つまり、全部食べ終わる必要はないということなのだ。

とくに地方のレストランでは、食事が終わった時点でたっぷり料理が余っていることが、お客が満足した証になるということらしい。そして昔堅気のお店ほど、こういう大盛りでもてなす傾向が強いそう。

それにしても、残しちゃいけないという教育を受けてきた日本人の私には、ポルトガルのお代わりには毎回どきどきさせられる、いつまで経っても慣れない習慣だ。

白熱ランチタイム！

ヴィーニョ・ヴェルデにばっちり合う料理はほかにもある。

北部の伝統料理「ロジョンイシュ」。これは肉好きにはたまらない、肉と腸詰めを炒め揚げした盛り合わせだ。

豚のモモやバラ、レバーなどの各部位を、ニンニクやクミンなどをもみ込んでヴィーニョ・ヴェルデでひと晩マリネし、アリェイラやショリッソ・デ・サングなどを食べやすく切って加え、ラードでじっくり炒め揚げたもの。下味に加えたヴィーニョ・ヴェルデの酸味や風味が肉の旨みをしっかり引き出し、ヴィーニョ・ヴェルデに合わないはずがない。つけ合わせのナボーラというカブの葉のオイル煮も、ほろ苦さが肉とワインにぴったりだった。

物静かなペドロさんは実は料理が大好きで、このロジョンイシュもよく家でつくるそう。詳しいレシピを聞いてメモしていたら、

「日本ではスシは家でもつくるものなの？」

と逆に聞かれ、不意を突かれた質問にびっくりした。

そう、実はペドロさんは大の日本食好きで、わざわざポルトまで車で出掛けてはスシを食べに行くというのだ。

「名前がわからなくても、カウンターの上の魚を指させば握ってくれるでしょ、しかもちょっとずつ食べられるし。親切なシステムだよね。スシってほんとに素晴らしいよ。僕は大好きなんだ」

そんなことを言われたら、日本人の私が有頂天になるのはいたしかたない。もう張り切ってスシの話をした。張り切りすぎて早口になって、鼻の穴がフガフガ膨らんでいたかも。するとその盛り上がっている様子を見ていたセケイラさんが

「僕は一度パーティでスシを食べたけど、あんまり好きじゃなかったなあ」

と会話に参加。それに対してペドロさんが、

「それはおいしいスシじゃないからだよ」

と、まるで私の意見を代弁するかのような反撃！

するとセケイラさん、目の前のどんぶりいっぱいの鶏の血のリゾットを指して、

「僕はたっぷりボリュームがあって、味がしっかりした、こういう昔ながらのポルトガル料理が大好きさ！」

と大きな身ぶり手ぶりで話す。

セケイラさんは喧嘩腰ではないのだ、ちっとも。ただただ熱い人なのだ。

俺は誰がなんといってもポルトガルの料理とワインが大好きなんだ！　そんな熱いハートに火をつけてしまったよう。

しかしペドロさんも負けてはいない。

「僕はスシもサシミも大好きだよ。ヴィーニョ・ヴェルデにもよく合うよね」

わお、ペドロさん。日本人の私にとって、それはなんと理想的なアンサーでしょう。ペドロさんはもしかしてワインプロデューサーではなく、ＰＲの専門家な

のではと思うほどの、日本人をノックアウトする完璧なコメント。うっかり惚《ほ》れちゃいそうになるじゃないですか。

そうこうしているうちにデザートタイムになり、4人でしっかり甘いものを食べ、コーヒーを飲み、やっぱり俺達のワインは旨いな、というセケイラさんの言葉にみんなでうなずいてお開き。たっぷり3時間の熱いランチだった。

熱い会話はいい。だってそこにはプラスの気が巡っているから。俺はこう思う、私はこう思うというやり取りがあればあるほど、会話にエンジンがかかって、新しいエネルギーが生まれる。それがさらには、縁を生んだり、物を生んだりするのだと思う。

この出会いがあまりに嬉しかったので、店の外でふたりと記念撮影してもらった。

メルガソ

最北の村

ヨーロッパの地図を広げて見ていると、たまたまこっちの国に入ったけれど、どっちの国でもおかしくないよねと思えるような国境沿いの村がよくある。ポルトガル最北のメルガソもそんな村だ。

国境であるミーニョ川を渡ると北はスペイン。川を渡らずとも、川に沿って東に少し行くと隣もまたスペイン、そんな場所だ。

この辺りの言葉は、近隣のスペイン・ガリシアの言葉ともかなり似ていると聞いた。近くて似ているご近所なら、ヴィーニョ・ヴェルデのような微発泡のアルヴァリーニョもガリシアにはあるのだろうか。周囲の人に聞くと、聞いたことがないという。このままガリシアに行って探してみたくなる。

メルガソに着いたのは夕方だったが、最北ともなると寒さが違う。秋がはじまったばかりなのに、みんなしっかり厚い上着を着て作業していた。

訪ねたワイナリー『キンタ・ド・メルガソ』（メルガソワイナリー）は周辺の

約500の農園と契約していて、今は収穫の最盛期。手摘みで収穫されたブドウがトラックでどんどん運ばれ、辺りが暗くなる頃を過ぎてもトラックの行列は途切れず、作業はひっきりなしだった。

知恵が詰まった小さな畑

この一帯ではブドウは手摘みがほとんどだと聞いた。ミーニョ地方のブドウ畑は昔から規模が小さいところが多く、機械を導入することが物理的に無理という面もあるが、なにより手摘みだとワインの質が良くなる。対して機械は、ブドウそのものにダメージを与えやすいのだという。

また、かつてのミーニョ地方の畑には特徴があった。ブドウの木は、ぐるりと見渡せるほどの小さな畑の周囲に囲いのように高く張り巡らされ、その真ん中で、トウモロコシやジャガイモ、コーブ・ガレガ（ポルトガルでよく食べる結球しないキャベツの一種）などの野菜類が植えられていた。ひと昔前まではこういう条件下でのブドウづくりが多かったそうだ。ひとりひとりの畑が小さい中でいかにブドウや野菜を植えるかという、苦肉の策だった。

しかし時代は移り変わり、今は多くがブドウ専門の畑を持てるようになった。でも、手摘みであることは変わっていない。

摘んだブドウを急いで醸造所に集めたら、粒がついている小さな枝をはずす除《じょ》梗《こう》、さらにブドウをつぶす破砕《はさい》の作業を経て、皮と果汁と種の混合物がつくられる（ただし白ワインは皮などを除いて果汁にする）。ここまではなるべく速く、ブドウを酸化させないよう大至急の作業だ。それから一定時間、良い条件のもとで混合物を漬け込んだまま寝かせるマセレーションを行う。

ポルトガルで私が見たワイナリーは、すべてステンレスタンクでマセレーションを行い、温度管理も厳密に徹底されていた。たとえ畑の様子は昔ながらでも、ワインづくりの工程は最新の設備で行われていた。タンク内の温度を測る装置は1ヶ所に集められていて常にチェックが可能。おいしいワインをつくるにはもはや当たり前のシステムだと彼らは言う。マセレーションで果汁が発酵すると、その熱で果汁の温度も上がってワインが劣化するので、温度管理は非常に重要だ。

ミーニョで出会ったワインプロデューサー達にワインづくりに大切なことは何

かと同じ質問をし続けたが、

・ブドウの質
・地質と天候
・醸造中の温度管理

この3つが重要だと皆口を揃えて語っていた。これはミーニョに限らず、ワインをつくる世界中の人が言うことだろう。

ワインは農産物なのだ。年に1回だけつくるチャンスがやってくる繊細な農産物だ。そして自然とともに農産物をつくる人達は、人間にできることには限りがある、だからこの1年で、自分達ができる限りの最善を尽くそう。そんな客観的なものの見方ができる人が多い気がしてならない。そして強烈なリアリストであると同時に、ワインの味に関しては計り知れない無限の夢を持っている。

ワインをつくる人々は、そんな現実的なロマンチスト達に思えた。

アルヴァリーニョの誇り

メルガソといえば、高級品種のアルヴァリーニョというブドウで有名だ。アルヴァリーニョはほかのブドウとは扱われ方も違う。

何が特別なのか。

まず、ワインの法律に基づいて産地が限定されている。

そもそもミーニョ地方自体も、ポルトガルに29あるDOPのひとつに認証されているワイン産地だが、その中でもメルガソと、隣村のモンサォンでとれたものだけがアルヴァリーニョと認められ、ワインボトルにブランド名を表記することを許される。

既に触れているが、このブドウは早飲みするよりも寝かせて熟成を楽しめるタイプ。ワイン業界の人の言葉を借りれば〝ポテンシャルの高い〟ブドウだ。

実際、このブドウでつくったワインはほかのフレッシュなものと比べるとかなり芳醇で、グラスに注ぐと香りに芯の強さのようなものを感じるリッチさがある。あきらかにほかとの違いを感じるのだ。

アルヴァリーニョは、ポルトガル北部と隣接するスペインのガリシア地方のリアス・バイシャス地域でも同じように育てられていて、やはり市場価値の高い、つまり人気のある高価格のワインを生み出している。

ヴィーニョ・ヴェルデの優等生

だから、気軽な価格帯のヴィーニョ・ヴェルデがほとんどの中、アルヴァリーニョを育てる人にとって、このブドウはシュワシュワの早飲みタイプのヴィーニョ・ヴェルデにするにはいろんな意味で惜しいのだ。味的にも、価格的にも、なによりブドウの性質的にも。

一概には言えないが、毎日家で飲むようなテーブルワインとしてのヴィーニョ・ヴェルデがポルトガルで1本数百円だとすると、アルヴァリーニョ100%のヴィーニョ・ヴェルデは1000円以上のものも多くある。スペインのガリシア地方でつくられているアルヴァリーニョの白は、もっと値の張るものも多いと聞いた。

つまり、アルヴァリーニョはビジネスチャンスが広がる特別なブドウでもあるのだ。

だからこのメルガソやモンサォンの人々がアルヴァリーニョを誇りに思い、大切にしている理由もよくわかる。高品質なワインは市場価値も高い。また、その特待生的なブドウを元にいかにおいしい白ワインに育てるかも、ワインプロデューサーの腕次第。

アルヴァリーニョのワインをつくる人の気持ちは、たとえば素質に恵まれた選手が集まった野球チームの監督のような気分なのかもしれない。ブドウを収穫して、搾って、味見して、よーし今年はなかなかいい感じだ。このベストメンバーをうまく導いて優勝して、みんなで旨い酒を飲むぞ！　というような。だから可能性のあるブドウは、より価値のある豊潤なワインに育てたいと思うのではないだろうか。

あっちでもこっちでも、ヴィーニョ・ヴェルデと名乗るからにはシュワシュワしていて欲しいと念仏のように唱えている私の思い入れは、アルヴァリーニョの質の高さとプロデューサーの誇りのもとではお話にもならないんだろうなあ。メルガソのワイン関係者からアルヴァリーニョについての熱い思いを聞いて、それを思い知った。

でも、やっぱり……。

発泡問題

「ヴィーニョ・ヴェルデはシュワシュワ第一主義」をしつこく主張する私を、カルロスは目覚めさせようと思ったのかもしれない。

同じメルガソの『キンタ・デ・レゲンゴ・デ・メルガソ』（レゲンゴ・デ・メルガソワイナリー）では、素晴らしくエレガントなアルヴァリーニョに出会った。

このワイナリーでは「レゲンゴ・デ・メルガソ」というワイン1種類だけを毎年つくっていて、このワインで熟成タイプのアルヴァリーニョの力をうんと思い知らされた。

違いは歴然だった。まるでいつもはラフで飾り気のない溌剌《はつらつ》とした女の子が、ドレッシーでセクシーな雰囲気のある大人の女性になったよう。

ちなみにレゲンゴとは王の領地という意。このワイナリーの隣には、16世紀にレオノール女王の命で建てられたという、いかにも北部らしい石造りの宿泊施設がある。このマナーハウス（荘園の地主が住む家）は、王領の後も多数の有力者の手に渡り、最近近代的に改装されたそう。中庭にはよく手入れされた趣味の良い花壇があり、裏にはこぢんまりとしたプールもあって夏は避暑地として人気だという。周囲に広がる美しいブドウ畑を背に泳いだり、プールサイドで畑を眺めながらヴィーニョ・ヴェルデも楽しめるという優雅な環境なのだ。

ワイナリーで育てるブドウはもちろんすべてアルヴァリーニョ。ブドウの特待生だけを集め、シュワシュワさせないリッチなヴィーニョ・ヴェルデをつくるという理念を貫いている。

ワインボトルも抑えをきかせたラベルがスタイリッシュ。マナーハウスの壁に彫刻されているシンボルマークの孔雀《くじゃく》が、白地にシルバーの箔《はく》押しで上品にデザインされていた。いつものカジュアルなヴィーニョ・ヴェルデの雰囲気とは全く違う。もちろん発泡させてもいない。気軽に声をかけるのをためらってしまうような、綺麗なお姉さん仕上げだ。

「微発泡には仕上げずに、通常のスティルワインのようにボトルで寝かせ、風味や味わいを楽しむのが狙いなんだよ」

2007年、2010年、2011年と収穫の年が違う3本をテイスティングしたが、熟成を重ねるごとに香りにふくよかさが出て、ほんのりトーストのような香ばしさも増している。すっきり爽やかなヴィーニョ・ヴェルデにはない、丸みと奥行きのある味わい。このコクなら、ジューシーでクセのある北部の腸詰めともよく合いそう。

それぞれのグラスを試しながら、今までのヴィーニョ・ヴェルデとは違う味と香りにひたすら驚いている私を見て、カルロスもとても満足そうだ。ワイン片手ににこにこと笑っている。

「どう、サヨォーリ。アルヴァリーニョって素晴らしいでしょ！」

それはもう！　このワイン全部、今すぐ家に送りたいぐらいです。

でも。

カルロスを呆れさせるかもしれないけれど、どうしても気になる発泡問題について、あえて口にしてみた。

「これってやっぱり、発泡させないからこその味なのよね」

カルロス、苦笑。

まだそれを言うか君は！　という心の声がはっきりと聞こえてきた。

先生、ご期待に沿えずすみません。

緑は白！

移動中の車の中で、カルロスはしばらくうーんと唸《うな》っていた。

そして、さっきの続きとなった。

「あのさ、なんでサヨォーリはそんなに発泡しているワインが好きなの？」

不思議そうに聞いてきた。

違うんです、そうじゃないの。

「いや、発泡しているから好きってことじゃないの。私にとって、ヴィーニョ・ヴェルデは微発泡のシュワシュワじゃないとなんだか物足りないの。ピンとこないっていうか……」

するとカルロスは
「……フーン」

と、ちょっと納得がいかない感じ。

さらにカルロスは、

「それならさ、サヨォーリはフランスやイタリアや、ほかの国の白でもやっぱり発泡が必要なの？」

とまた質問。

「いや、そんなことはないのよ。発泡していない白も大好き」

「それならヴィーニョ・ヴェルデだって普通の白ワインなんだから、発泡してなくてもいいんじゃない？」

「ん、えーっとですね、つまりその……」

この先はニュアンスも含めた話をしなきゃならないので言葉に詰まってくる。

「ヴィーニョ・ヴェルデが白ワインだってことはわかっているの。でもヴェルデは微発泡でシュワシュワしてないとヴェルデって思えないの。だって……」

「ヴェルデも白ワインなのに？」

それだ。それそれ。ヴェルデ（緑）も白っていうのが、ややこしい原因なのだ。

「ヴェルデは私にとっては、白っていうより緑なの。ほら、緑は若いって意味でしょ。だから、ヴェルデはフレッシュのシュワシュワであって欲しいの」

カルロス師匠、まだまだ困った生徒を見離さず。

「あのねサヨォーリ、ヴィーニョ・ヴェルデはヴェルデ（緑）という名前だけど、分類上は白ワインのカテゴリーなんだよ。だから発泡しないからヴェルデじゃないじゃんとか、そういう認識はちょっと違うんだよ」

そうですよね、師匠。私の思い入れがワインのセオリーとずれているのは、よくわかっているんです。だから私はもう何も言えません。

「…………」

「OKサヨォーリ。でもね、アルヴァリーニョの発泡しない白もヴェルデだから、シュワシュワしてないからってがっかりしないで、ちゃんと興味持ってね」

カルロスのアルヴァリーニョへの愛やプライドが痛いほど伝わってきて、なんだか申し訳ない気持ちになった。

カルロス、発泡しないアルヴァリーニョは普通の白としてなら文句なく好きなワインなの。いえもっと正確に言えば、この旅で、私はアルヴァリーニョというブドウのファンになりました。これもあなたのおかげです。

でもですね、しつこいようですが、やっぱりヴィーニョ・ヴェルデと名乗るからには、かすかにでもいいのでシュワシュワしてもらいたいんです。それがたとえ素晴らしく芳醇なアルヴァリーニョであっても。

厄介な生徒ですみません。でも、わかって欲しいなあ。

ポンテ・デ・リマ

巡礼者の橋

エレガントなアルヴァリーニョのお姉様を堪能した後は、メルガソから少し南に移動したリマの橋という名の町、ポンテ・デ・リマを訪ねた。

悠々と流れるリマ川。この日は風も穏やかで水面も静か。水量豊富なたっぷりと流れる川は、流れるというよりもむしろ水を湛《たた》えた泉のように見える。見ているだけで次第に心が落ち着いてくる。

このリマ川には、ローマ時代につくられた長い石橋が渡されていた。生活、観光、散歩で往来する人に混じって、巡礼中のカトリック信者もちらほらいた。というのも、この道はカトリック信者が人生で一度はお参りしたいと憧れる、サンチャゴ・デ・コンポステラへ続く道でもあるからだ。

私がのんびり歩いているそばを、トレッキングするような格好で颯爽《さっそう》と通り過ぎる人達がいて、聞けば彼らはまさに巡礼の最中。おお、巡礼者って意外とアクティブ！　と驚いたが、とくに決まった服装があるわけではないので、最近はスポーティな人も多いそう。楽しそうにウォーキングを満喫しているようなカジュアルな様子が、イメージと違って印象的だった。みなさん、無事ゴールのスペインまで辿り着きますように。

ヨーロッパを旅すると、ローマ時代からの橋や道や建物などによく出くわすので、その度に思う。石ってなんて丈夫な素材なんだろうと。だいたい、２０００年近く昔の物体がその場に残っているなんて考えれば考えるほど奇跡だ。この橋が出来た頃にはポルトガルでも既にワインづくりが盛んだったと聞くから、やはりこの橋の上を、ワインを運ぶ馬や人が往来したんだろうか。複雑になったのは表面ばかりで、人間の営みそのものは、1000年経っても2000年経っても大して変わっていないということだろうか。がっちりと堅牢なこの石に比べると、人間はなんて儚《はかな》い存在なんだ。こんな小さな私だが、せめて精いっぱい生きていこう！

ローマ時代の石橋を渡ったり、巡礼者達とすれ違ったりしたせいか、単純な私はいつになく食べること以外について考えて歩いていた。やがて目的地に到着。

さあ、飲むぞ。

偶然の再会

数年前に現地の人に薦められて飲んだ思い出のワインと再会した。

ワインメーカー『アデガ・コーポラティバ・デ・ポンテ・デ・リマ』（ポンテ・デ・リマワイン協同組合）は、周辺約2000のブドウ生産者と提携してワインをつくっている組合で、ミーニョではちょっと大きな存在だ。

さらにここは、女性が活躍していた。

迎えてくれた社長のマリア・セレステさんを筆頭に、マーケティングや醸造担当者など、どのポジションでも女性が生き生きと働いている。そんな様子を眺めているだけで無条件に嬉しくなってしまった。

昼どきだったので、リマ川沿いの眺めのいいレストランでランチをしながら話すことになった。

このワイナリーの看板ヴィーニョ・ヴェルデは、町の名を冠した「ポンテ・デ・リマ」。ほんのり甘みを感じる「アダマド」と、すっきり爽やかな「ブランコ」が白の2大定番で、いずれも柔らかい泡とフレッシュな香りが特徴。さらに、ロウレイロ100％で香りの余韻が華やかな「ロウレイロ」も人気だという。

そして本当に偶然だったが、ここのヴィーニョ・ヴェルデには思い出があった。数年前にはじめて北部を訪ねたとき、現地で最初に飲んだのがこの協同組合でつくっていた「ポンテ・デ・リマ・アダマド」だったのだ。

ミーニョを訪れたその日、ある町の小さな食料品店を何気なく覗いていたら、ワインの棚が全面ヴィーニョ・ヴェルデの緑色で埋め尽くされていて驚いた。赤よりも白よりも断然緑。というより、ほぼ全面緑だらけ。やはりほかの地域とはワインのラインナップが違うんだなあ。さすがワインの国だなあ。あんまり印象的だったのでワインの棚を写真に撮らせてもらい、さらに店主に薦められたワインを1本宿に持ち帰って飲んでみた。ほんのり甘いブドウの味わいと優しい泡に感動し、見るからに清々しい緑のボトルも好印象だった。そのとき撮った店の棚の写真はその後の自著に掲載していて、こちらのワインもしっかり写っている。そうだ、そのページをみなさんに見てもらおう。

レストランでみんなが席に腰を落ち着けたところで、あいさつ代わりに早速持参した本を開き、社長のマリアをはじめみんなに見せながら事情を説明すると、

「あー！　ほんとだ、これうちのワインよ！」

「ちょっといい写真じゃない！」

「うちのワインを薦めてくれたなんて、そこはいいお店に違いないわよ、なんて名前のお店だったの？」

テーブルは一気に大盛り上がりとなった。

なんて楽しい偶然の再会なんだろう。

地のワインと地の料理

川沿いの洒落たレストラン『レスタウランテ・アスーデ』は、ミーニョ川を眺めながら食事ができて居心地の良い、地元メニューも豊富なレストランだった。

ポルトガルのレストランや食堂では、最初にコウヴェールという前菜のセットが出てくる。その内容で店の料理の感じが大体つかめるのだが、このレストランはたくさんの種類の前菜の中から好きなものを好きなだけ選ぶスタイル。サービス精神満点だった。

新鮮なマッシュルームのマリネに、香りの良いソラマメのワイン蒸し、ほくほくしたヒヨコマメのマリネにあっさり塩味の茹でタラコのマリネ、コリコリした食感が楽しい豚の耳のマリネなど、どれも素材の味を生かす塩加減とさりげなく穏やかなハーブ使い。まさにポルトガル料理の真骨頂だ。こういう前菜に、ヴィーニョ・ヴェルデはとくによく合う。

北部の定番干し鱈料理「バカリャウ・コン・ブロア」はこのレストランでも人

気のメニュー。干し鱈のソテーの上に、北部の甘みの強いとうもろこしパン「ブロア」を細かく崩してハーブやニンニクでカリッと炒めたものと、さらによく炒めた甘い玉ねぎをたっぷりのせてグラタン風にこんがり仕上げている。

「干し鱈の風味やブロアの香ばしさと、ロウレイロのブドウの香りってよく合うのよ」

と、ワイン醸造家のアナ・コウティーニョが、ロウレイロを一緒に飲んでと盛んに勧めてくれた。地の料理と地のワインは本当によく合う。

「ポンテ・デ・リマ」には赤のヴィーニョヴェルデもある。

ヴィニャオン100%の赤ヴェルデには肉をということで、赤身がおいしい「ポスタ・アスーダ」（アスーダ風厚切りビーフステーキ）と、ジューシーで柔らかい「カブリット・アサード」が登場。肉の量がたっぷりなのは言うまでもない。

ポルトガルの肉料理でいつも感じるのは、味つけが穏やかだということだ。どんなにがっつりしたパワフルな外見でも、ニンニクばっちりとか、ヒリヒリするような辛さといった攻撃的な味つけはまずない。塩とビネガーをとても上手に駆使し、肉そのものの旨みを引き立てる優しい味に仕上がっている。

肉と一緒に飲む赤のヴェルデは、微発泡のおかげでしっかり強めのタンニンも穏やかに感じ、柔らかい泡で肉の脂をリセットすることもできる。

「赤ヴェルデっていいですよね。私は好きなんです。家でもときどき飲んでますよ」と何気なく言うと、食べていたみんなの顔が一斉にこっちを向いて、

「ほんとに好きなのサヨォーリ？　赤のヴェルデが好きなんて珍しいわね」

と何度も言われた。

果してポルトガルの人達には、赤のヴェルデってどう思われているんだろう。普通の赤ワインがたくさんあるから、飲んでみようと思う人が少ないのかしら。赤のヴェルデを自宅で飲むときは、甘辛い照り焼きなどの和食や、オイスターソースを使った濃い味の料理などによく合わせる。ただし白米とだけは喧嘩してしまうので、米と合わせたいときは肉や野菜と一緒に炊く、ポルトガル風の米料理と合わせることが多い。

さらにテーブルには、先ほどの仔ヤギのだしで炊いた仔ヤギご飯も出てきた。仔ヤギの肉汁がしっかり浸みた米は、これまた赤ヴェルデと相性ばっちりだった。

話がおつまみ

私の向かいに座ったワイン醸造家のアナとは、年齢が近いこともあってなにかと話がはずんだ。

彼女のおじいさんもかつては同じくワイン醸造家だったそうで、気が付いたらいつの間にかこの道を選んでいたのだという。ワインをつくる仕事が一生の仕事なんてロマンティックでいいねと話すと、大変だしまだまだ勉強中だけれど、私もそう思っているのとはっきり答えてくれた。この仕事が好きだという迷いのない思いが、ちょっと羨ましくなってしまうぐらいまっすぐに伝わってきた。

食事が進むにつれて、やがてみんなの興味はどんどん私の方に向かってきた。

「ポルトガルのワインは、いま日本で何種類ぐらい飲めるの？」

最近は輸入業者も増えてきているし、ポルトガルのワインも人気が出てきているから、スティルワインだけでも１００種類は超えていると思う。ポートやマデイラといった酒精強化ワインも含めると、数はさらに多い。

「ポルトガル料理の店って東京にもあるの？」

数軒だけれど、おいしいお店もちゃんとあります。

「サヨォーリの仕事は、食べたり飲んだりすることなの？」

いいえ、確かにそう見えるかもしれないけれど、人や物や出来事を取材して書くのが私の仕事なんです。

「ポルトガル人が最初に日本に着いたのは、タネガシマでしたっけ？」

さすがマリア社長、よくご存じです。その通りです。

「ね、サヨォーリ、タネガシマって漢字で書いて見せて！」

ポルトガルでは漢字はクールだと言う人が多く、旅の間もときどき漢字で名前を書いてと言われることがあった。その場で種子島、と書く。みんな私の手元をじーっと見つめて、書き終わるとワーオッ、と喜んでくれた。

「ねえねえ、日本の漢字でアモールってどう書くのかしら？」

マリア社長、なんて素敵な質問でしょう。愛、と書いてノートを見せるとみんな一斉に、

「素敵！」

「カンジってミステリアスね」

「ね、もう1回書いて見せて」

「私の名前って漢字で書けるの？」

と、話はワインと全く関係のない方向にどんどん広がっていった。

女性が集まると話が尽きないのはどこの国でも変わらないのだ。ワインと、料理と、他愛もない話と、笑い声や驚きの声が行ったり来たり。ああ、なんて楽しい時間！

ロングロングランチ

ランチの途中で、レストランのオーナーがぜひ食べてみて、と自信満々でポルトガルの定番コロッケ「パシュテイシュ・デ・バカリャウ」（干し鱈コロッケ）を出してくれた。

通常このコロッケは、蒸したじゃがいもをつぶし、水に漬けてほどよい塩加減に戻した干し鱈を細かくほぐし、イタリアンパセリなどと一緒に混ぜてラグビーボールのような形に小さく成型し、衣などは一切付けずにからっと揚げる。だから外はカリッと、中はほっくりとした食感になる。

でもこの店の干し鱈コロッケは、普通のものより軽くて食感もふわふわしていて、かなり珍しかった。

早速、テーブルに座る女性達全員でオーナーを呼んでレシピを聞いたのだが、オーナーは笑いながら、

「企業秘密だからひ、み、つ」となかなか教えてくれない。

そうなると、テーブルではまるで売られた喧嘩を買うかのようにレシピ談義が勃発。

「このふわふわはね、きっと卵白よ。卵白をメレンゲにしてるのよ」

「粉もちょっとは使ってるわね、でもかなり控え目のはずよ」

「ベーキングパウダーも入れてるんじゃないかしら」

とみんなであれこれ詮索していたら、隣で聞いていたオーナーがしびれを切らし、

「みなさん、そこまでわかるなら僕に聞かないでくださいよ！」

とお手上げ顔でレシピ談義に加わってきた。

ポルトガルのレストランで味わえる料理は、郷土料理、つまり家庭でもつくられている料理であることが多い。だから主婦である彼女達にとっては、レシピの解析など得意中の得意なのだ。それを実感したひとときだった。

さらにいつの間にかレストランのオーナーも話の輪に加わって、以前彼が全国ネットのテレビ局に取材されたときの録画映像まで見せてもらうことになったり。ワインの取材はとっくに終わり、いつの間にかただの楽しいランチになっていた。

結局、この長く楽しいランチは夕方まで延々と続いた。ポルトガルの長いランチにはもうすっかり慣れっこだ。

そしてたとえどんなに長い食事でも、軽やかで柔らかい泡のヴィーニョ・ヴェルデさえあれば、ゆるゆるのんびりと、食事と会話を楽しんでいられるのだ。

帰りの車の中でカルロスが聞いてきた。

「サヨォーリ、ヴィーニョ・ヴェルデはどうだった？」

「カルロスのおかげでますます好きになった。ありがとう」

「今度はどの地方のワインを巡る？」

どの地方を巡ろう。
まずはヴィーニョ・ヴェルデでも飲みながら、ゆっくり考えるね。

宿、どうする?

旅で大事にしたいのは、食事と宿。ポルトガルには城や宮殿、修道院を改装したホテルから、ワイナリーが経営する小さな宿、お洒落なデザイナーズホテルまでさまざまな宿泊施設があり、組み合わせ次第でメリハリのきいた旅になります。とくに楽しいのが地方の宿。歴史のある古城や、修道院を改装した「ポザーダ」は、美しいアズレージョや調度品が醸し出す独特の雰囲気に満ちています。ワイナリーや農園などに興味のある人は、宿泊施設も併設している「トゥリズモ・ルラル」「アグロ・トゥリズモ」などを訪ねても。こういった宿は、「カーザ〜」「キンタ〜」という名前が多いです。

宿の探し方はいろいろですが、私はもっぱらインターネットを利用。参考までに、実際に宿探しで活用したサイトの一例を挙げました。

- ポルトガルの宿泊総合サイト
(ポルトガル語・英語)
http://www.center.pt/PT/

- ポザーダ総合サイト
(ポルトガル語・英語・スペイン語・ドイツ語・フランス語)
http://pousadas.pt/

- スペイン・ポルトガル専門の旅行会社
「イベロジャパン」(日本語)
http://www.ibero-japan.co.jp/

- 王宮ホテルからデザイナーズホテルまで、こだわりある宿のサイト
(ポルトガル語・英語)
http://www.almeidahotels.com

- 現地リスボンからポルトガル旅行をサポートする総合情報サイト
「ようこそポルトガル」(日本語)
http://yokoso-portugal.com/

おわりに

ポルトガルの料理探訪を決めたきっかけは、一冊の本だった。『Cozinha Tradicional Portuguesa』(Maria de Lourdes Modesto著 Verbo刊、英語訳版『Traditional Portuguese Cooking』) という300ページ以上、厚さ3センチ近くもある図鑑のような料理本だ。

表紙を飾るのは、ポルトガルの家庭の素朴なキッチンの写真。背表紙は薄茶色のクロス装で、朱に近い赤のインクでタイトルが印刷され趣がある。前書きを読むと、著者はポルトガル中から何千という郷土料理のレシピを集め、それらを実際につくりながら、最終的に約800までに絞って掲載したという。しかもなんと20年もかけて! その歳月は〈ゆっくりと、でも刺激的な〉日々だったそうだ。

北から南まで地方別に紹介するという構成で、ページ全体の約半分は写真で占められている。数々の料理はもちろんのこと、賑やかな市場、船が泊まる港、輝く海、険しい山、吊り下げた豚を解体する村人、川でウナギをとる男女、キッチンで腸詰めをつくる女性達、木陰でザクロを食べる少女など、ページをめくっているだけで、ポルトガルの食を巡る旅をしているかのような楽しさなのだ。

そしてこの中の、石窯から引っ張り出された仔豚の丸焼き（レイタォン）に釘付けになった。前脚を揃え、尻尾をピンと伸ばして飴色にこんがり焼かれた仔豚に、ひと目でノックアウトされてしまった。

「この仔豚を現地で食べたい」。そこから私のポルトガル料理の取材がはじまった。ＡＩＣＥＰ（ポルトガル投資貿易振興庁）を訪ね、図書館で本を探し、どこにどんな料理があるのかを調べはじめるとこれが面白い。珍しい品種のブドウでつくられたワイン、種類豊富なチーズ、とろとろやパリパリの米料理、炭火焼きの魚介類に肉類……。へえ、ポルトガルにはこんなに魅力的な食文化があったのか。やがて食の専門誌『料理王国』の当時の編集長・土田美登世さんが「面白そう！」と言ってくれたことで、「ポルトガル食図鑑」（『料理王国』２００６年８月号）という数ページのルポルタージュを執筆する機会も得た。その後も興味は尽きず、さらに取材旅行を重ねることになった。

結局、1年の間に10日間、4週間、1ヶ月と計3度ポルトガルを訪ねた。カメラを片手にポルトガル人家庭のキッチンやレストランの厨房などあちこちにお邪魔し、覚えたてのポルトガル語で「コモ・エ・キ・セ・ファシュ・エシュテ・プラト？（この料理、どうやってつくるの？）」と取材を続けた（なお、本書のポルトガル語のカタカナ表記は、「私にはこう聞こえた！」という音を生かしています）。

自分用の取材ノートもつくっていった。撮影した料理や風景の写真をベタベタとスケッチブックに貼り付け、走り書きのメモを書き込んだものだ。このノートが本書の編集者である松本貴子さんの食欲に共鳴したようで、この本の出版のきっかけになった。とても幸運な出会いだった。

ポルトガルでは、本当にたくさんの方々に助けていただきました。とくにアヴェイロ在住のライター・通訳であり、素晴らしいファディスタでもある菅知子さんには、取材の度にポルトガルの温かい友人達を紹介していただきました。また、リスボン在住の腕利きフォトグラファー、近藤正之さんとパウロ・アレシャンドリーノ。おふたりの撮影スタイルや味のある写真は、私自身大変勉強になりました。この場を借りて改めて厚くお礼申し上げます。ありがとうございました。

(Paulo, muito obrigada!)。

　さらに料理や小物を魅力的に撮ってくださった刈田雅文さん、粋なデザインでかっこよく仕上げてくださったカヌー焼けが眩しいデザイナーの中川純さん、的確なアドバイスで導いてくださったマニアックな旅好き編集者の松本貴子さん。深く感謝いたします。

　そしてこの本を読んでくれたあなたへ。興味を持ってくれてありがとう。この本の何かがあなたの旅心を少しでも刺激できたなら、私はとても幸せです。

文庫版あとがき

「どうしてポルトガル？」とよく聞かれる。

「かっこいいポルトガル人の恋人がいた」などと言えたらいいのだが、残念ながらそんなドラマチックなきっかけはなく、正直なところ自分でもこの好奇心に説明がつけられない。ひと目惚《ぼ》れのような衝撃的なはじまりがない代わりに、すっかり飽きて忘れ去ることもできない。どんなときも、ポルトガルと名の付くものを目にしたり耳にしたりすると、まるでおいしい匂いを嗅ぎつけた腹ペコの犬のように瞬時に反応して、いい匂いのする方へクンクンと惹きつけられてしまう。果してこれは、DNAに刷り込まれているものなのだろうか？　DNAとやらをじーっと見つめると、PORTUGALと小さく書いてあったりするのだろうか？（そんなわけない）。

どうして好きになったかをうまく説明できないうえに、人がポルトガル料理の店を開いたり、ポルトガルワインの専門店を開いたりすると「どうしてまたポルトガル？」と心から不思議に思ってしまう。そしてその人が話してくれる面白いエピソードを聞くにつけ、この人、ちょっと変わってるなあと思ってしまう。自分のことはすっかり棚に上げて。きっと私にとってポルトガルは、いつまで経っても遠い存在なのだ。何度も旅していろいろと見聞きしているはずなのに、まだまだよくわからない魅力がある。ほどよい距離感が保たれた、されどかなり気になる国なのだ。

ポルトガルが気になってからは、次第に16～17世紀に日本で大ブレイクした南蛮文化も気になりだした。昨年の秋には、熊本県の天草市インショップ協議会のみなさんと、天草の豊かな食材を使って420年前の天草の教会で食べられたであろう、ポルトガル式クリスマスディナーを再現するというマニアックなイベントを東京で開催した。天草は当時カトリックの教会や神学校などがあり、信者も非常に多く、南蛮文化の黄金時代を築いた重要な舞台だったのだ。

メニューの検討などイベントの企画を仰せつかった私は、張り切って関連する文献にあたった。当時のメニューが残っているわけなどもちろんなく、かき集めた周辺資料から大胆に想像し、代々木八幡の人気ポルトガル料理店『クリスチアノ』の佐藤幸二シェフにもレシピを一緒に練っていただいて、ポルトガル業界（ウソ、そんなのないです）にいまだかつてない過去と現代のコラボレーションメニューが誕生した（これは本当）。

歴史の授業でも習ったように、日本がはじめて出会ったヨーロッパの文化は、ポルトガルの人達がもたらした南蛮文化だ。彼らの衣食住をはじめとする生活習慣その他は、どれも当時の日本人を驚愕させたはずだ。その逆もしかりで、当時来日していたポルトガル人宣教師が書き遺した文書には、たとえば「われらはすべてのものを手で食べる。日本人は男女とも、幼児のときから二本の棒で食べる」など、あらゆる文化の差異について書き連ねたものもある（松田毅一、E・ヨリッセン著『フロイスの日本覚書』より）。また、その後の日本の食文化に砂糖や肉、卵などがじわじわと定着していったきっかけはこの辺りにあったと考えられるわけで、ポルトガルは遠く離れているけれど、昔から文化的には縁の深い、近い存在でもあったのだ。

はっ、ここはあとがきを書く場所だ。もうこのへんで止めておかないと。

さて、2008年に出版したこの本は、現地の写真や店の情報などもたっぷり載せてかなり実用性を意識してつくりました。実際にポルトガルに行かれた方から、旅のお供にしたよ、と角が擦れていい感じにくたびれている姿を見せていただく度に、本が幸せな人生（「本」生？）を過ごして誰かの役に立っていることを嬉しく思っていました。

それから6年。今度は幻冬舎編集本部第三編集局の杉田千種さんから「文庫にしましょう」という途轍《とてつ》もなく嬉しいお誘いをいただき、さらに「手のひらの中で想像を膨らませて読むものだから、エッセイのみをまとめましょう」とアドバイスいただき、おまけに「せっかくですから、文庫版には最新の旅の話も追加しましょう」と、キュートなルックスとは相反する、有無を言わさぬ牽引力《けんいんりょく》でグイグイ引っ張っていただいて、2012年に訪ねたミーニョ地方のヴィーニョ・ヴェルデを巡る旅についても書き加えることになりました。そのうえ、センス溢れるカバーの絵（見れば見るほどポルトガルの魅力が滲《にじ》み出ています）をイラストレーターの小池ふみさんに描いていただき、この本は新しい服を纏って再デビューできました。もちろん、ミーニョ地方を丁寧に案内してくれた師匠カルロスの優しさも、この本には欠かせませんでした（Carlos, muito obrigada!）。

最後に、手強い3歳児を2週間預け、ポルトガルのワイナリーを旅するという得手勝手を快く許してくれた父と母に、この場を借りて感謝を伝えることをお許しいただきたい。

さ、次はどこへ行こう。

2014年某月　東京にて

馬田草織

この作品は二〇〇八年四月産業出版センターより
刊行されたものに大幅な加筆修正をしたものです。

幻冬舎文庫

●最新刊
世界一周ひとりメシ in JAPAN
イシコ

「世界一周に出掛けよう、日本でだけどね」。高田馬場のミャンマー少数民族料理、名古屋のイラン料理、長野のカンボジア料理……。日本で味わう世界一周気分は格別。未踏のグルメ紀行。

●最新刊
恋する旅女《たびじょ》、世界をゆく
——29歳、会社を辞めて旅に出た
小林　希

29歳で会社を辞め世界放浪に。30歳を前に決意したのは、自分らしく生きることへの挑戦だった。「旅で素敵な女性になる！」と家を出た著者にやがて訪れた心の変化とは？　新感覚旅行記！

●最新刊
三国志男
さくら剛

子供の頃のあだ名は「小覇王」。伝説の海賊といえば甘寧。シンバル音を聞くと孔明の伏兵がいると思い慌てる——。三度のメシより三国志が好きな、モテない引きこもりが中国に乗り込んだ。

●最新刊
ウはウミウシのウ
シュノーケル偏愛旅行記　特別増補版
宮田珠己

海へ行って、変なカタチの生きものが見たい——。爆笑エッセイで人気の著者が、とっておきの国内外20カ所を、お気楽シュノーケルで巡る。奇妙で愉快な海の魅力が満載。究極のレジャーエッセイ。

●最新刊
旅はタイにはじまり、タイに終わる
——東南アジアぐるっと5ヶ国
吉田友和

アジアが好きだ。好きで好きでたまらない。そんな思いを胸に、香港、タイ、ラオス、ベトナム、カンボジアへ。汗をかきかき、冷たいビールをぐびっと。嗚呼、生きていて良かった！　大人気旅行記!!

ようこそポルトガル食堂《しょくどう》へ

馬《ば》田《だ》草《さ》織《おり》

平成26年7月5日　初版発行

発行人――石原正康
編集人――永島賞二
発行所――株式会社幻冬舎
〒151-0051東京都渋谷区千駄ヶ谷4-9-7
電話　03(5411)6222(営業)
　　　03(5411)6211(編集)
振替00120-8-767643
印刷・製本―株式会社　光邦
装丁者――高橋雅之

幻冬舎文庫

ISBN978-4-344-42222-3　C0195　　は-27-1